Margot Weller

ABENTEUER
Hausbau
BESSER VERSTEHEN

Vertragsfallen und Planungsfehler vermeiden!

BAU-RAT: **BLOTTNER**

Inhalt

Zu diesem Buch...Seite   6

Bauplatzsuche: Lagebestimmung, Bauvorschriften.....................................Seite 10

Wie wird Ihr Traumobjekt Ihr Eigentum?...Seite 11

Kaufvertrag und Finanzierung..Seite 12

Zahlungen und Zahlungsplan...Seite 17

Baubeschreibung/Leistungsbeschreibung und

Ergänzung zur Baubeschreibung..Seite 18

Bauabnahme...Seite 19

Baukosten – Baunebenkosten..Seite 20

Architekten- und Projekthonorar..Seite 23

Sonderwünsche und Sonderleistungen...Seite 24

Eigenleistungen...Seite 25

Überlegungen für eine Einliegerwohnung...Seite 27

Raumbestimmung und Planung..Seite 28

Abstellräume..Seite 30

Einzelne Gewerke..Seite 31

Rohbau..Seite 37

Balkon und Terrasse...Seite 40

Garage und Stellplatz...Seite 41

Zimmerarbeiten / Dachstuhl Holzarbeiten..Seite 42

Dachdecker...Seite 43

Glaserarbeiten – Fenster und Türen..Seite 44

Sanitär...Seite 46

Heizung..Seite 51

Elektroinstallation..Seite 52

Treppen / Treppengeländer...Seite 54

Schreinerarbeiten..Seite 55

ABENTEUER

Hausbau

BESSER VERSTEHEN

Türen.. Seite 56

Maler und Lackierer..Seite 58

Schlosser und Metallbauer...Seite 59

Estrich... Seite 60

Rollladen und Fensterverkleidung... Seite 61

Bodenbeläge..Seite 62

Natursteinarbeiten...Seite 64

Malerarbeiten.. Seite 65

Gesims... Seite 66

Kamin und Schornstein..Seite 67

Keller.. Seite 68

Eingangsbereich.. Seite 70

Außenanlagen.. Seite 72

Müll-Stellplatz... Seite 73

Küchenplanung..Seite 74

Wasch- und Trockenraum...Seite 75

Bauen und Wohnen für das Alter.. Seite 76

Noch ein guter Rat...Seite 77

Symbole Maßstab 1:100...Seite 78

    Sanitär...Seite 79

    Tische und Essplätze...Seite 80

    Sitzgruppen und Sitzelemente...Seite 82

    Betten...Seite 84

    Schränke...Seite 85

Einige Worte zum Schluss.. Seite 86

Sachwortregister... Seite 88

Zu diesem Buch

Dieses Buch widme ich allen Bauherren, die sich nach Fertigstellung ihres Traumes vom eigenen Haus nicht sagen wollen:

- Das haben wir nicht gewusst!
- Das hat uns keiner gesagt!
- Schade, dass wir nicht daran gedacht haben!

Übernehmen Sie die Eigenverantwortung für Ihr Haus und dafür, wie Sie wohnen möchten!

Machen Sie sich rechtzeitig Gedanken über die anstehenden Aufgaben (und den Sachverhalt dieses Buches). Streichen Sie die einzelnen Punkte an, die für Sie und Ihre Hausplanung wichtig sind. Machen Sie sich bei den einzelnen Gewerken entsprechende Notizen. Sprechen Sie die Punkte bei Ihrem Planer an! Lassen Sie sich Zusammenhänge und alternative Lösungen erklären.

Verhandeln Sie!

Dieser Ratgeber soll Anregungen für Bauherren und vielseitiges Allgemeinwissen über das Bauen vermitteln, um Vertrags-, Planungs- und Kostenfallen möglichst zu vermeiden.

Typische Fallstricke im Bauvertrag:

Diese Aufstellung mahnt zur Vorsicht:

- Keine Sicherheitsleistungen der Firma: 81%

- Keine Vertragsstrafe bei Überschreitung der Bauzeit: 65%

- Baubeginn, Bauzeit und Fertigstellung unverbindlich: 56%

- Unausgewogene Zahlungspläne: 51%

- Vertragsgegenstand nicht eindeutig: 48%

- Keine förmliche Bauabnahme vereinbart: 37%

- Keine Preissicherheit: 22%

Quelle: Gemeinsame Untersuchung des Bauherren-Schutzbund e.V. und des Instituts für Bauforschung e.V. Hannover. Stand 2013

Vorwort

Abenteuer Hausbau

Es gibt viele Bücher und Ratgeber über das Bauen, über die Finanzierungen und die Bauplanung. Viele dieser Bücher sind jedoch für Laien zu spezifisch und nicht verständlich genug geschrieben.

Ihr beauftragter Architekt, Planer oder Verkäufer kann nur Vorschläge machen. Der Entscheider und Käufer sind Sie! Daher sind Sie dafür zuständig, Ihre Wünsche und Vorstellungen klar zu äußern, denn Sie werden in diesem Haus leben. *Schließlich soll es Ihr Haus werden!*

Nach vielen (Berufs-)Jahren in der Baubranche, Architekturbüros, bei Bauträgern usw., Erfahrungen mit Kunden und eigenen Bauerlebnissen, möchte ich Ihnen mein Insiderwissen mit diesem Buch zur Verfügung stellen. Es hilft Ihnen in einfacher Weise teure Baufallen zu vermeiden und unterstützt Sie dabei, effektiv mit Ihrem Bauträger/Architekt zu verhandeln und mehr über das Abenteuer „Bauen" zu verstehen.

Ihre Ideen und Wünsche für Ihr Haus sind klar und die Finanzierung steht. Die Baupläne, Vorschläge, Entwürfe kommen von Ihnen, Ihrem Planer, Architekten, Hausverkäufer. Sie kaufen also das, was in den Bauplänen gezeichnet ist, was in Ihrem Kaufvertrag steht und in der Baubeschreibung beschrieben wird.

Es gibt jedoch manches, was nicht beschrieben und gezeichnet ist und somit nicht zum Bestandteil Ihres Kaufvertrages gehört. Genau dies sind die Baufallen, die Sie am Ende der Bauzeit vielleicht viel zusätzliches Geld kosten werden.

Sie wollen ein Haus bauen?

Das könnte bedeuten, dass Sie auf diesem Gebiet ein Laie sind und über das Bauen bzw. die Abwicklung und den Ablauf keine Kenntnisse haben, somit auch nicht an alles Machbare denken werden.

Wie finde ich einen seriösen Baupartner, Bauträger, Architekt, Generalunternehmer usw.?

Aus den Zahlen auf Seite 6 ist zu erkennen, dass bei dem Vorhaben, ein Haus zu bauen, größte Vorsicht geboten ist.

Fragen Sie Bekannte, Freunde oder Nachbarn, die kürzlich gebaut haben, mit welchem Bauunternehmen und/oder Architekten diese zusammengearbeitet haben. War alles zur Zufriedenheit, so können Sie sicher sein, einen kompetenten und seriösen Baupartner für sich zu finden. Wenn Störungen bzw. Probleme bekannt sind, ist es besser, sich nach weiteren Anbietern umzusehen.

Fragen Sie nach Referenzen, also Bauherren, die in der Vergangenheit mit dem Unternehmen Ihrer Wahl gebaut haben, und nehmen Sie Kontakt zu diesen auf. In der Regel geben diese Bauherren gerne Auskunft.

Im Verkaufsgespräch werden Ihnen Grundrisse und Hausansichten von Ihrem Verkäufer oder Planer gezeigt und Sie sind glücklich und denken: Unser Haus, unsere Wohnung. Aber ist wirklich alles so, wie Sie es sich vorgestellt haben? Denken Sie in dieser Phase über Alternativen nach? Über Details? Oder wollen Sie wirklich die Planung allein Ihrem Architekt, Bauträger, Generalübernehmer, vielleicht sogar dem Verkäufer überlassen?

Genau das sollten Sie bitte nicht tun sondern sich hier mit Ihren Gedanken und Wünschen einbringen. Es soll ja Ihr persönliches Haus werden und es geht um Ihr Geld!

Nur Sie sind die/der Entscheider in allen Belangen. Also müssen Sie wissen, was ist zu entscheiden, auf was muss man achten, wie soll vorgegangen werden. Eine gute Planung und entsprechende Überlegungen sind hier die Basis für stressfreies Bauen und die Kosten werden Ihnen bei richtiger Planung

auch nicht davonlaufen. Bestimmt kennen Sie aber auch die Aussage von Bauherren, die nach Fertigstellung feststellen mussten, dass alles erheblich teurer geworden ist.

Warum ist das so?

Es liegt an einer *unvollständigen Planung*. Nicht das gekaufte Haus hat mehr gekostet, sondern Ihre Planung und Kostenaufstellung war nicht richtig oder vollständig. Planungsgegenstände waren nicht *schriftlich* vereinbart!

Wenn Sie schon in der Planungsphase alle Details berücksichtigen und diese in Ihrem Kaufvertrag genau mit Bezeichnung und Preisen festhalten, kennen Sie bereits die reale Bausumme der gekauften Vereinbarung. Wenn Sie an alles denken, haben Sie nach Abschluss der Bauarbeiten Ihr Traumhaus nach Ihren Vorstellungen und Ihrer Kostenplanung verwirklicht.

Ihr Architekt, Ihr Hausverkäufer oder Fachplaner kann Ihre Vorstellungen von Ihrem Haus nicht kennen. Auch nicht Ihre Wünsche, wie Sie darin leben wollen. Daher sollten Sie sich selber Gedanken über verschiedene Details machen. Haben Sie erst einmal einen Kauf- bzw. Herstellungsvertrag unterschrieben, werden alle weiteren Wünsche, die im Laufe der Bauzeit geboren werden,

Ihre sogenannten *Sonderwünsche* (siehe auch Kapitel „Sonderwünsche", Seite 24). Und glauben Sie mir, mit dem Baufortschritt werden einige weitere Wünsche kommen, an die Sie, wenn dieses Buch durchgearbeitet ist, schon vor dem Vertragsabschluss denken sollten.

Achtung!

Alle Sonderwünsche werden zusätzlich verrechnet und genau das ist der Grund, warum so mancher Bau wesentlich teurer wird als geplant.

TIPP: Ganz wichtig!

Alle Entscheidungen genau in Ruhe ausführlich überdenken, planen, schriftlich vereinbaren und erst dann einen Kaufvertrag/Bauvertrag unterschreiben!

TIPP:

In derselben Buch-Reihe „Bau-Rat:" sind weitere bewährte Ratgeber für das Planen, Bauen und Wohnen erschienen. Eine Auswahl daraus finden Sie am Schluss dieses Buches.

Bauplatzsuche:

Lagebestimmung, Bauvorschriften

Sie träumen von einem bestimmten Haus in einer definierten Größe und Wohnfläche, mit einem bestimmten Dach?

Dann finden Sie einen Bauplatz und werden feststellen, dass die Bauvorschriften vieles erlauben, nur oft nicht das, was Sie sich vorgestellt haben.

Gehen Sie folgende Schritte in dieser Reihenfolge:

1. Bauplatz suchen. Prüfen Sie, ob der *Bauplatz voll erschlossen* ist.

Das bedeutet, dass alle Anschlüsse für ein Haus gelegt sind und der Platz zur sofortigen Bebauung freigegeben ist. Wenn der Bauplatz noch nicht voll erschlossen ist, werden noch erhebliche Kosten bei der Erschließung auf Sie zukommen.

2. Bebauungsplan auf der Behörde geben lassen, damit Sie sehen, in welchem Rahmen Sie auf Ihrem Wunsch-Platz Ihr Wunsch-Haus erstellen dürfen. Das sogenannte *Baufenster* zeigt die mögliche Bebauung an. Innerhalb dieser Grenze dürfen Sie Ihr Haus nach festgelegten Vorschriften für Länge, Breite, Höhe erstellen.

Zu beachten sind auch bestehende Bauvorschriften für die Stockwerke, Gesamthaushöhe, die Dachausrichtung usw. Diese Information bekommen Sie bei der entsprechenden Behörde, z.B. im Rathaus oder beim Bauamt.

3. Achtung Teuerungsfalle Gründung:

Fundamente, auch Gründung genannt, haben die Aufgabe, die Lasten des Baukörpers, Eigengewicht und Verkehrslast, in den Baugrund abzuleiten. Da die Festigkeit der Böden geringer ist als die Festigkeit der Gründung muss diese so bemessen sein, dass die Standsicherheit der Bauteile gewährleistet ist. Sollte auf Ihrem Bauplatz eine Gründung notwendig werden, können hier ganz schnell einige zehntausend Euros an (Mehr-)Kosten entstehen.

TIPP:

Daher unbedingt vor Kauf und Baubeginn abklären, ob eine Gründung notwendig wird. Fragen Sie die Baunachbarn wie es bei ihrem Bau war oder lassen Sie eine Bodenanalyse (geologisches Gutachten) machen um nicht später, nach dem Aushub der Baugrube, eine böse Überraschung zu erleben.

Wie wird Ihr Traumobjekt Ihr Eigentum?

Beispiel: Hauskauf über einen Bauträger

Sie haben Ihre Hausplanung sowie Ihren Bauplatz und sind sich mit dem Verkäufer bezüglich Preis und Herstellung einig? Dann kommt mit dem Kaufvertrag der Notar ins Spiel, der den Kauf notariell zwischen Käufer und Verkäufer beglaubigt und eine vorläufige Eigentumseintragung im Grundbuch veranlasst.

Nach kompletter Vertragserfüllung, also der Fertigstellung und Bezahlung der vereinbarten Arbeiten, wird diese Eintragung im Grundbuch in eine endgültige Eigentumseintragung, mit einer Auflassung, geändert und Sie sind damit alleiniger Eigentümer.

Diese Urkunden müssen Sie Ihrer Bank vorlegen, wenn Sie Ihr Bauvorhaben finanziert haben!

Sie besitzen schon ein Grundstück und wollen mit einem Architekt bauen. Dafür wird ein Architektenvertrag geschlossen. Der Architekt beauftragt dann die Handwerker zur Erstellung des Hauses.

Kaufvertrag und Finanzierung

Achtung:

Unterschreiben Sie einen Kaufvertrag erst dann, wenn Sie sich über alle Einzelheiten im Klaren sind, alle Punkte bzw. Wünsche geklärt sowie dieses Buch durchgearbeitet haben.

Tipp:

Achten Sie beim Kauf des Hauses mit einer eingerichteten Küche darauf, dass die Kaufsumme der Küche im Vertrag separat aufgeführt wird. Ebenso die Eigenleistungen, die Sie evtl. erbringen werden. Die dadurch reduzierte Herstellungs-Kaufsumme für Ihr Haus wirkt sich dann auf alle weiteren Zahlungen für Sie positiv aus, wie z.B. Grundsteuer, Notar, Eintragungsnachweise usw.

Es ist sehr empfehlenswert, den Bau- bzw. Kaufvertrag von einem Fachanwalt für Bau- und Architektenrecht prüfen zu lassen. Die Gebühren für einen spezialisierten Bauanwalt sind sicher lohnend, damit Sie auf der sicheren Seite sind und vor bösen Überraschungen geschützt werden.

Vorsicht Falle:
Formulierungen im Bauvertag – einige Beispiele:

• Zahlungen mit unwiderruflichem Überweisungsauftrag. Hier sind Sie *nicht geschützt* vor Mängeln oder Insolvenz.

• Sichtbare Mängel sind nur bei Hausübergabe geltend zu machen. Diese Formulierung ist *nicht zulässig*.

• Der Auftragnehmer bestimmt die Fälligkeiten der Zahlungen. Bei dieser Vorgabe sind Sie der Verlierer.

• Der Werklohn ist sofort nach Auftragserteilung zur Zahlung fällig. Nein, denn nur fertige und abgeschlossene Arbeiten müssen bezahlt werden.

• Die letze Zahlungsrate vor Übergabe des Hauses. Sie bezahlen erst nach Endabnahme und Beseitigung festgestellter Mängel. Regeln Sie auf jeden Fall eine ausreichend hohe letzte Zahlungsrate.

Sie sehen, hier ist *größte Sorgfalt* geboten und wie sollten Sie als „Laie" diese Formulierungen kennen? Woher sollten Sie wissen, auf was Sie im Vertrag achten müssen?

Sind Sie bitte als Bauherr nicht zu gutgläubig, auch wenn Sie einen noch so netten und sympathischen Verkäufer / Architekt haben. *Verlassen Sie sich niemals auf mündliche Absprachen!*

Nur was geschrieben und unterschrieben steht hat Gültigkeit! Auch wenn das als unwichtig abgetan wird!

Tipp: Hausbau und Bauplatz über einen Bauträger:

Achten Sie darauf einen Vertrag nur dann zu unterschreiben, wenn eine Baugenehmigung für das angebotene Grundstück vorliegt und der Bauträger auch Eigentümer des Grundstücks ist. Prüfen Sie die Sicherheitsleistungen und Garantien, wie z.B. Preisgarantie, Fertigstellungsgarantie, Gewährleistungsfristen, Qualitätskontrollen. (Siehe auch Aufstellung auf Seite 6!)

Übergabe des Hauses:

Die Übergabe des fertiggestellten Gebäudes sollte nicht von einer restlosen Zahlung der Vertragssumme abhängig sein. Sie verlieren sonst das Leistungsverweigerungsrecht.

Überprüfen Sie im Kaufvertrag, dass ein Einbehalt der Kaufsumme bei unvollständiger oder mangelhafter Bauleistung zulässig ist.

Bitte achten Sie darauf, dass die gesetzlichen Schadensersatz-, Minderungs- und Rücktrittsrechte erhalten bleiben und dass die Mängelrechte nicht auf Nachbesserung und Nacherfüllung beschränkt werden. Hierzu kann Sie auch der Notar, der den Kaufvertrag macht, beraten.

Nehmen Sie in den Kaufvertrag eine Klausel über Zeitverzögerung durch Mängelbeseitigung auf.

Sollte ein Handwerker pfuschen, besteht das Recht auf Nachbesserung. Dies bedeutet jedoch eine Verzögerung für die weiteren Handwerker. Hierfür sollte eine Sicherungsklausel in Ihrem Vertrag enthalten sein. Verbunden mit einer direkt an den Bauherrn zu leistenden Vertragsstrafe bei Nichteinhaltung der Vereinbarung!

Bitten Sie Ihren Notar darum, im Kaufvertrag entsprechende Klauseln aufzuführen. Achten Sie darauf, dass alle Fakten und Wünsche auch in Ihrem Kaufvertrag mit Einzelsummen, gegebenenfalls auch mit Lieferantenname und genauer Bezeichnung, aufgeführt werden.

Denn nur was draufsteht ist wirklich drin!

Tipp:

Vereinbaren Sie in Ihrem Kaufvertrag eine Schlussrate zwischen 5 bis 10 Prozent der Vertragssumme bei Fertigstellung aller gekauften Vereinbarungen, um dem Bauunternehmer einen Anreiz zu bieten, das Haus qualitäts- und fristgerecht fertigzustellen (eventuell inklusive der gekauften Außenanlagen). *Zahlbar nach der offiziellen Bauabnahme!*

Tipp:

Leisten Sie keine Vorauszahlungen für die einzelnen Abschlagszahlungen bzw. die Gewerke, um im Falle einer Insolvenz des Bauunternehmens nicht auf den Mehrkosten sitzenzubleiben. *Nutzen Sie für Ihre Zahlungen ein Treuhandkonto.*

Bezahlen Sie immer erst *nach Fertigstellung* der *kompletten Leistung*, also der vereinbarten Arbeiten bzw. Gewerke, auch wenn Sie die Abschlagsrechnung vorher bekommen. Sind nicht alle vereinbarten Arbeiten abgeschlossen, legen Sie *schriftlich Einspruch* gegen die Abschlagsrechnung ein und teilen Sie Ihrem Vertragspartner mit, dass die Zahlungen erst nach Fertigstellung der vereinbarten Leistungen bzw. Arbeiten erfolgen werden.

Achtung: Ein Muss in Ihrem Vertrag!

Legen Sie unbedingt ein *Fertigstellungsdatum* fest mit Rechtsanspruch bei Nichteinhaltung. Achten Sie unbedingt auf relativierende Ausnahme-Formulierungen!

Erklärung:

Für den Fall, dass Sie z.B. Ihre Wohnung gekündigt haben oder aus einem anderen Haus ausziehen müssen. Legen Sie eine Vertragsstrafe, eine bestimmte Geldsumme je zusätzlichem Tag, die Übernahme von evtl. Hotelkosten usw. fest. Lassen Sie sich nicht darauf ein, in ein nicht fertiges Haus zu

ziehen wenn Sie eine komplette Fertigstellung gekauft haben.

Ausbaustufen

Beschreibung der Bau- bzw. Ausbaustufen (z.B. schlüsselfertiges Haus, voll ausgebaut, Bausatzhaus, Eigenleistungen).

Bauweise

Massiv, Fertigteile, Leichtbauweise

Fertigstellung

Sie können hier unterscheiden zwischen:
• Komplett fertiggestellt: Alle gekauften Arbeiten sind ohne Mängel fertig und bezahlt. Hier sind auch die evtl. Außenarbeiten/Außenanlagen zu berücksichtigen. Oder
• Fertigstellungstermin/bezugsfertig: dabei könnten dann noch Arbeiten offen sein. In diesem Fall sind auch noch nicht alle Zahlungen erfolgt.

Baumängel

Private Bauherren sollten bei auftretenden Baumängeln ihr Zurückbehaltungsrecht in Höhe des *Zweifachen* der voraussichtlichen Mängelbeseitigungskosten nutzen.
Hier ist sorgfältige Prüfung Ihrer Zahlungen angebracht. Mängelrügen immer schriftlich verfassen und per Einschreiben mit Rückschein versenden. Nur so können Sie bei einem Rechtsstreit deren Zugang beweisen.

Die Auflassung, bzw. der Eigentumsübertrag, muss nach vollständiger Bezahlung und Fertigstellung *aller Arbeiten* Zug um Zug folgen. Nachbesserungen von Baumängeln müssen abgeschlossen sein. *Im Fall von Unstimmigkeiten* schalten Sie lieber einen neutralen Bausachverständigen ein. Die Kosten für einen solchen Fachgutachter rechnen sich allemal.

Finanzierung

Prüfen Sie zunächst die Möglichkeiten einer Förderung bzw. preisgünstigen Finanzierung z.B.:

• KfW-Programme
• Landeswohnungsbauprogramm
• Fördermittel BAFA
• Bundesamt für Wirtschaft und Ausfuhrkontrolle
• Fördermittel der Bundesländer
• Fördermittel der Kommunen und Kirchen
• Arbeitgeberdarlehen oder Ähnliches
• Andere Möglichkeiten

Die Maßnahmen zur Bauförderung sind von Bundesland zu Bundesland unterschiedlich. Übergreifend kann man nur sagen, dass ökologisches Bauen in ganz Deutschland von staatlicher Seite unterstützt wird, auch Fördermaßnahmen für Familien mit Kindern.

Im Internet gibt es dazu zahlreiche Möglichkeiten. Die Förderdatenbank des Bundesministeriums für Wirtschaft und Technologie gibt einen neutralen Überblick. http://www.foerderdatenbank.de/

Wichtig ist, dass eventuelle Fördergelder immer parallel mit der Immobilienfinanzierung beantragt und die Höchstgrenzen eingehalten werden müssen.

Wichtig:

Fördergelder müssen vor dem Bauantrag, Baubeginn beantragt werden. Im Nachhinein ist keine Möglichkeit/Verrechnung mehr möglich. Sprechen Sie Ihre Bank bei der Finanzierung auf mögliche Fördermittel an.

Ist der aktuelle Zins für Baudarlehen jedoch sehr niedrig, wird sich eine zu verzinsende Förderung wohl kaum rechnen. Hier lieber eine längere Laufzeit des Darlehens in Betracht ziehen. Bei Abschluss einer Finanzierung eines Darlehens ist es zu empfehlen, eine hohe Sondertilgung zu vereinbaren. Unabhängig davon, ob Sie diese in Anspruch nehmen werden oder nicht.

Sollten Sie das Haus durch persönliche Veränderungen wie z.B. Tod, Scheidung, Arbeitslosigkeit usw., verkaufen müssen und die Darlehen zurückbezahlt werden, wird eine Vorfälligkeit der Zinsen an die Bank berechnet bzw. fällig.

Sondertilgungsrechte zur Vermeidung der Vorfälligkeitsentschädigung

Wenn für einen Kreditnehmer schon bei der Unterzeichnung des Darlehensvertrags absehbar ist, dass er schon vor dem Ablauf der Zinsfestschreibungsphase eine größere Geldsumme zur Verfügung haben wird, so sollte er unbedingt darauf achten, dass der Kreditvertrag ein Sondertilgungsrecht enthält.

Das vertraglich vereinbarte Sondertilgungsrecht ermöglicht die Rückzahlung des Darlehens ganz oder teilweise, ohne dass dafür eine Vorfälligkeitsentschädigung anfällt. Die Bank kann sich aufgrund der vertraglichen Vereinbarung auf ein flexibleres Refinanzierungsmodell einstellen, um einen hohen Schaden von vornherein zu vermeiden.

Verhandeln Sie mit Ihrer Bank entsprechend!

Vorfälligkeitsentschädigung Sondertilgungskosten als Schadensersatzanspruch der Banken

Kommt es zu einer Darlehensablösung noch innerhalb einer Zinsfestschreibungsphase, so kann der Bank als Kreditgeber ein finanzieller Schaden entstehen. Die Vorfälligkeitsentschädigung stellt eine Art Schadensersatz für die Kosten der Bank dar.

Die Vorfälligkeitsentschädigung fällt immer dann an, wenn die Darlehenssumme *vor dem Ende der fest vereinbarten Laufzeit* oder während einer Zinsfestschreibungsphase durch den Darlehensnehmer ganz oder teilweise zurückgezahlt wird.

Genau genommen handelt es sich in diesem Fall um einen *Schadensersatz*, den der Darlehensnehmer der Bank dafür zu zahlen hat, dass er den vertraglich vereinbarten Kredit nicht länger in Anspruch nimmt, sondern eine *vorzeitige Kündigung* ausspricht.

Das ist regelmäßig dann der Fall, wenn eine Immobilie verkauft wird und daher das Darlehen nicht mehr grundpfandrechtlich gesichert werden kann.

Zahlungen und Zahlungsplan

Schon im Bauvertrag wird ein Zahlungsplan vereinbart, der die Bezahlung nach Baufortschritt festlegt. Dieser Zahlungsplan für die einzelnen Bauabschnitte muss den Vorgaben der Makler- und Bauträgerverordnung (MaBV) entsprechen. Er sorgt zumindest dafür, dass Ihre Verluste begrenzt werden, sollten Sie doch einmal an eine betrügerische Firma geraten. Denn wenn diese keine oder nur mangelhafte Leistungen erbringt, können Sie weitere Zahlungen verweigern.

Die folgende Tabelle ist ein Beispiel für einen möglichen Zahlungsplan. Die enthaltenen Zahlen sind nicht verbindlich und können allenfalls als Richtwerte angesehen werden. Hier gibt es je nach Verkäufer unterschiedliche Vorstellungen. Es gibt auch die Möglichkeit erst nach Fertigstellung des Hauses zu bezahlen. Alles ist Verhandlungssache!

Baufortschritt Gewerke gemäß MaBV = prozentualer Anteil nach Beginn der Erdarbeiten, falls das Baugrundstück durch den Bauträger mitverkauft wurde.

• Nach Beginn der Erdarbeiten (für das Grundstück)	30,0 %
• Nach Fertigstellung des Rohbaus, einschließlich Zimmerarbeiten	28,0 %
• Dachflächen, Dachrinnen	5,6 %
• Rohinstallation der Heizungsanlagen	2,1 %
• Rohinstallation der Sanitäranlagen	2,1 %
• Rohinstallation der Elektroanlagen	2,1 %
• Fenster, Einbau mit Verglasung	7,0 %
• Innenputz ohne Beiputzarbeiten	4,2 %
• Estrich	2,1 %
• Fliesenarbeiten im Sanitärbereich	2,8 %
• nach Bezugsfertigkeit (innen kplt. fertig)	8,4 %
• Fassadenarbeiten	2,1 %
• nach vollständiger Fertigstellung mit Außenanlage	3,5 %
	100,0 %

Abschlagszahlungen in Zahlungsplänen können erheblich differieren. Handeln Sie mit Ihrem Verkäufer bzw. Vertragspartner Ihre Vorstellungen aus und halten Sie alles im Kaufvertrag fest. Nur was in Ihrem Vertrag steht ist bindend!

Baubeschreibung / Leistungsbeschreibung

und Ergänzung zur Baubeschreibung

Zu Ihrem Kaufvertrag gibt es von Ihrem Verkäufer oder Architekt eine Baubeschreibung/Leistungsbeschreibung. In dieser sind alle Details und alles aufgeführt was Sie kaufen werden.

Also die komplette Ausführung und Ausstattung des Hauses und alle Vereinbarungen. Hier werden alle Details genau festgelegt und beschrieben.

Haben Sie jedoch andere oder weitere Wünsche und Vorstellungen zu einzelnen Gewerken oder dem, was in der Leistungsbeschreibung steht, so werden diese in einem zusätzlichen Dokument als *Ergänzung zur Baubeschreibung/Leistungsbeschreibung* zu Ihrem Vertrag festgehalten.

Prüfen Sie die Bau- und Leistungsbeschreibung sehr sorgfältig, ob alle Kostenpunkte ausführlich aufgeführt sind, um unerwartete Mehrkosten zu vermeiden. Es wurden schon ganze Gewerke vergessen!

Ergänzung zur Baubeschreibung

Hier können und sollten Sie *alle Zusatzwünsche* und Vereinbarungen sehr ausführlich und *immer schriftlich* festhalten.

Dabei alle Details mit genauer Bezeichnung und Preisen notieren. Wenn Sie z.B. ein anderes Fliesenformat als angeboten, andere Sanitärgegenstände, ein zusätzliches Fenster, mehr Steckdosen usw. wünschen und verabredet haben.

Wichtig:

Ergänzungen zur Baubeschreibung sollten *vor Vertragsabschluss* feststehen und somit ein *fester Bestandteil des Kaufvertrages* sein. Vom Käufer und Verkäufer mit Unterschrift bestätigt.

Nur so können Sie sicher sein, dass alle Ihre Wünsche im Kaufpreis enthalten sind. (Siehe auch Kapitel „Sonderwünsche", Seite 24)

Bauabnahme

Mit dem Tag der offiziellen Bauabnahme beginnt die Gewährleistungsfrist für die Arbeiten der Handwerker.

Das bedeutet, dass *alle Arbeiten*, die Sie gekauft haben, *ohne Mängel* abgeschlossen sein müssen. In diesem Fall haben Sie auch die Schlussrechnung akzeptiert und alle Zahlungen wie vereinbart geleistet.

Wichtig:

Alle Arbeiten prüfen oder prüfen lassen. In einem Abnahmeprotokoll sollten alle Mängel und unfertigen Arbeiten in eindeutiger Formulierung stehen. Dieses Protokoll muss vom Käufer und vom Verkäufer unterzeichnet werden. Lassen Sie sich nicht mündlich vertrösten, dass gewisse Dinge noch erledigt werden.

Sie dürfen laut Gesetz das Zweifache der veranschlagten Mängelbeseitigungskosten bis zur Abnahme und Abrechnung der Mängelbehebung einbehalten.

Sie sollten erst nach Mängelbehebung einer Bauabnahme zustimmen. Bezahlen Sie die Schlussrechnung erst, wenn alles in Ordnung ist und *ziehen Sie nicht in das Haus ein* solange nicht alle Arbeiten erledigt und noch Mängel offen sind. Mit dem Einzug würden Sie automatisch das Haus abnehmen und die Mängel akzeptieren. Mit der Bauabnahme gehen sämtliche Rechtsansprüche der Handwerker an Sie über. Sie übernehmen dann alle Versicherungsleistungen. Ab diesem Zeitpunkt stehen Sie in der Beweispflicht!

Abnahmeprotokolle Handwerker:

Wegen der weitreichenden Konsequenzen bei der Abnahme von Handwerkerleistungen ist es immer sinnvoll, ein Abnahmeprotokoll zu verwenden. Damit wird die Arbeit des Handwerkers dokumentiert. Ist alles in Ordnung und fristgerecht ausgeführt, beginnt mit der Abnahme der Handwerkerleistung die Gewährleistungsfrist.

Achten Sie deshalb darauf, dass das Abnahmeprotokoll der einzelnen Gewerke / Handwerker sorgfältig ausgefüllt wird. Nennen Sie Fristen für eine evtl. Nachbesserung.

Sind die Mängel einer Handwerkerleistung sehr groß, können Sie die Abnahme auch ganz verweigern. Entsprechend verschiebt sich dann auch der Beginn der vereinbarten bzw. der gesetzlichen Gewährleistungspflicht. Dies müssen Sie jedoch ausreichend schriftlich begründen.

Für die Aufzählung der Mängel bietet sich eine spezielle *Abnahmeverweigerung* an. In diesem Fall muss die Leistung nicht, oder nicht in vollem Umfang, bezahlt werden. Behalten Sie immer eine gewisse Summe ein, bis Sie sich ganz sicher sind, dass keine Mängel vorliegen.

Baukosten – Baunebenkosten

Leider gibt es bei der Finanzierungsplanung einen gewaltigen Dämpfer wenn Sie lesen, was an Baunebenkosten noch auf Sie zukommen wird.

Durchschnittlich entfallen auf die Baunebenkosten etwa 15 bis 20% der Gesamtkosten des Hausbaus.

Klären Sie mit Ihrem Planer bzw. Vertragspartner die einzelnen Teilbeträge ab und *lassen Sie sich diese bestätigen*. Da sich die Preise im Laufe der Jahre oft erheblich ändern, sollen hier im Buch keine Einzelsummen genannt werden.

Einige Faktoren, auf die geachtet werden sollte:

Abwasserrohre / Anschlussrohre:

Werden häufig nur bis ca. 1 Meter außerhalb des Neubaus geführt. In diesem Fall müssen Sie sich als Bauherr um den Anschluss an das öffentliche Netz kümmern. Das geht dann auch auf Ihre Kosten.

Wichtig ist hier die exakte Formulierung:
Alle Abwasserrohre, Anschlussrohre, Fallrohre und Anschlüsse bis zum öffentlichen Leitungsnetz! Haben Sie eine Zisterne, dann sollte der Wasser-Anschluss, d.h. die Rohre, auch hierfür beschrieben sein.

Baustelleneinrichtung:

Welcher Umfang steht in Ihrem Vertrag? Nötige Geräte, Lagermöglichkeiten, Lagerung von Erdaushub, Abtransport von Erdaushub. Zufahrten, Standplatz für Baukran, Bereitstellung von Baustrom, Bauwasser, WC, Bauschuttbeseitigung, Baureinigung usw.

Grunderwerbsteuer:

Die Grunderwerbsteuer (GrESt) ist eine Steuer, die beim Erwerb eines Grundstücks anfällt. Der Steuersatz beträgt in Deutschland je nach Bundesland zwischen 3,5% bis 5% der Bemessungsgrundlage. Wenn man das Grundstück und Haus aus einer Hand (z.B von einem Bauträger) kauft, so gilt die Grunderwerbsteuer auf das gesamte Objekt, bestehend aus Haus und Grundstück. Haben Sie schon ein Grundstück, dann wird die Steuer nur hiervon berechnet.

Baugesuch:

Die Pläne und Beschreibung des Hauses werden beim Bauamt zur Prüfung eingereicht.

Baugenehmigung:

Abhängig vom Schwierigkeitsgrad der Bebauung fallen ca. 0,2% der gesamten Bausumme als Kosten für die Baugenehmigung an. Ist sie erteilt, gibt es den sogenannten Roten Punkt, der die Baufreigabe dokumentiert. Bauen Sie im Rahmen aller Vorschriften, dann gibt es auch das Freistellungs-Verfahren oder dessen Kenntnisnahme (Genehmigungsfreistellung). Das geht schneller und ist kostengünstiger.

Vermessung:

Ist ein Grundstück noch nicht vermessen oder muss der Platz des Hauses noch eingezeichnet werden, entstehen Kosten für die erforderlichen Vermessungsarbeiten.

Baustrom:

Siehe auch „Baustelleneinrichtung".

Bauwasser:

Siehe auch „Baustelleneinrichtung".

Bauleistungsversicherung:

Die Bauleistungsversicherung (früher auch Bauwesen- oder Bauversicherung) ist eine Pflichtversicherung für den Bauherrn. Sie schützt Bauunternehmer und Bauherren vor Schäden, die unvorhersehbar sind und während der Bauzeit auftreten. Dazu zählen insbesondere Schäden, verursacht durch höhere Gewalt, wie z.B. Hochwasser oder Sturm. Es sind im Allgemeinen aber auch Schäden durch Vandalismus, unbekannte Eigenschaften des Baugrundes, Konstruktions- und Materialfehler, Fahrlässigkeit und Ähnliches versichert.

Bauherrenhaftpflicht:

Die Bauherrenhaftpflicht ist eine einmalige Versicherung.

Erschließungskosten:

In der Regel ist das Baugrundstück voll erschlossen. Sie sollten sich hierzu jedoch bei den zuständigen Behörden erkundigen, ob noch Kosten anfallen werden. Es kann zum Beispiel sein, dass noch ein Gehweg gebaut wird. Die Erschließungskosten eines Grundstücks können stark variieren und die gesamten Baunebenkosten erhöhen. In der Regel geht es vor allem um folgende Kostenfaktoren:

- Kanalisation / Abwasser
- Wasseranschluss / Frischwasser
- Strom
- Gas
- Telefonanschluss
- Kabel
- Mediennutzung

Sollte eine Baustraße notwendig sein, kann diese sehr leicht auch einige tausend Euro kosten.

Der Baunebenkosten-Check

Eine Zusammenfassung der Baunebenkosten für Ihre Finanz-Planung. Die einzelnen Summen können Sie hier mit Ihrem Verkäufer oder Planer eintragen:

❏ Makler　　　　　　　　　————

❏ Grunderwerbsteuer　　　————

❏ Baugenehmigung/Baugesuch　————

❏ Vermessung Grundstück　————

　❏ vor dem Bau　　　　————

　❏ nach Fertigstellung　————

❏ Notar　　　　　　　　————

❏ Architekt- und Projekthonorare ————

❏ Baustrom　　　　　　————

❏ Bauwasser　　　　　　————

❏ Bauwesenversicherung　————

❏ Bauherrenhaftpflicht　　————

❏ Erschließungskosten　　————

　❏ Kanalisation　　　　————

　❏ Strom　　　　　　　————

　❏ Gas　　　　　　　　————

　❏ Wasseranschluss und　————

　❏ Kanalisation (Abwasser)　————

　❏ Telefonanschluss　　————

　❏ Medien usw.　　　　————

❏ Fußbodenheizung　　　————

❏ Inneneinrichtung / Ausstattung ————

❏ Badezimmer / Ausstattung　————

❏ Küche　　　　　　　　————

❏ Kamin offener / Kaminofen　————

❏ Solaranlage　　　　　————

❏ Erd-Aushub　　　　　————

　❏ Seitliche Lagerung oder　————

　❏ Abtransport　　　　————

　❏ Hinterfüllung Arbeitsräume　————

　❏ (Material festlegen)　————

　❏ Zisterne　　　　　　————

❏ Carport　　　　　　　————

❏ Garage / Fertiggarage　————

❏ Doppelgarage　　　　————

❏ Einfriedung Erde　　　————

❏ Garten　　　　　　　————

Baunebenkosten gesamt　————

Architekten- und Projekthonorar

Entschließt man sich sein Haus mit einem Architekt zu planen und zu bauen, so fallen dafür nach einer Faustregel 10% bis 15% der Baukosten als Honorar an. Diese Kosten können sich z.B. wie folgt zusammensetzen:

- Grundlagenermittlung   3%
- Vorplanung   7%
- Entwurfsplanung   11%
- Genehmigungsplanung   6%
- Ausführungsplanung   25%
- Vorbereitung der Vergabe   10%
- Mitwirkung bei der Vergabe   4%
- Bauüberwachung   31%
- Dokumentationen   3%
- zuzüglich für Nebenkosten ca.   5%
- zuzüglich der MwSt.   19%

Inklusive Sonderfachleute für die Tragwerksplanung, Vermessungsleistung und technische Ausrüstung.

An dieser Aufstellung können Sie erkennen, dass Sie mit einer guten Grundlagenermittlung, Vorarbeit und Planung richtig Geld sparen können.

Sonderwünsche und Sonderleistungen

Als Sonderwünsche gelten alle Arbeiten, die erst *nach der Vertragsunterzeichnung* hinzukommen.

Hier hält sich auch die große Gefahr der Mehrkosten versteckt.

Daher ist es ganz wichtig, *vor Vertragsunterzeichnung* an alle Details zu denken, darüber zu sprechen und Ihre Wünsche und Vorstellungen mit in den Kaufvertrag einfließen zu lassen.

Leider ist es jedoch so, dass Änderungen und Wünsche erst im Laufe des Baufortschritts geboren werden.

Wichtig:
Vorher in Ruhe alle Details überdenken!

Sollten Sie jedoch erst nach Vertragsunterzeichnung Änderungen wünschen, diese dann unbedingt schriftlich mit Preis und Details festhalten. Lassen Sie sich diese Änderungen von Ihrem Verkäufer *schriftlich, mit beiden Unterschriften, bestätigen*.

Nur was hier schriftlich von beiden Seiten vereinbart ist, hat Gültigkeit!

Eigenleistungen

Hypotheken auf die Muskelkraft

Eigenleistungen helfen bei der Kostenreduzierung, denn durch Einsatz der eigenen Arbeitskraft kann zu geringes Eigenkapital aufgestockt werden. Durch die sogenannte „Muskelhypothek" erwirtschaftetes Kapital erhöht das Eigenkapital und wird von den Banken bei der Finanzierung anerkannt. Weiterhin reduzieren Sie hierdurch die Fertigstellungskosten. Dies hat auch Auswirkungen auf die spätere Besteuerung (Grundsteuer) Ihres Hauses, auf die Notar- und Eintragungskosten usw.

Doch Vorsicht: Überlegen Sie genau was Sie, eventuell mit der Familie oder Freunden, selbst machen wollen und können. Prüfen Sie, ob Sie die Zeit und Fähigkeiten für die entsprechenden Arbeiten aufbringen können.

Oft wird der Aufwand in Kraft und Zeit über- oder unterschätzt. Prüfen Sie, ob Urlaubstage oder nur Wochenenden zur Verfügung stehen. Sie sollten sich auch fragen, ob Sie die geplanten Eigenleistungen in dem entsprechenden Zeitfenster real erbringen können, ohne die nachfolgenden Arbeiten und Handwerkerleistungen zu behindern, eventuell auch zu verzögern.

Was ist Ihnen wichtig, können diverse Arbeiten auch später, nach dem Einzug in das neue Heim, erledigt werden? Halten Sie diese Überlegungen für Ihre Planung und die getroffene Entscheidung bitte schriftlich fest!

Sind fachliche Kompetenz nötig für die Arbeiten und wie verhält sich die *Eigenleistung* mit der *Gewährleistung*, die dann in Ihrer Verantwortung liegt?

So ist es ratsam, z.B. elektrische und sanitäre Arbeiten nur mit entsprechender Fachkenntnis in Eigenleistung auszuführen.

Sicher ist es nicht einfach, die eigenen handwerklichen Fähigkeiten realistisch einzuschätzen. Deshalb von Spezialarbeiten die Finger weglassen, es sei denn, Sie verfügen über die entsprechende fachliche Qualifikation dafür.

Wichtig:

Auch eventuelle Leihgebühren für Maschinen und die erforderlichen Materialien in Ihre Kostenplanung einfließen lassen.

Besonders effizient sind Eigenleistungen, die einen hohen Lohn, jedoch einen geringen Materialanteil enthalten, da die Lohnkosten Ihr Bauvorhaben in vollem Umfang belasten werden.

Prüfen Sie bei Ihren Eigenleistungen bitte auch, ob es hierfür spezielle Bauvorschriften gibt, damit nicht erst nach Fertigstellung teure Nacharbeiten erforderlich werden. Beachten Sie zum Beispiel, dass Heizungs-, Elektro- und Sanitärarbeiten unbedingt in die Hände von Fachfirmen gehören.

Einfachere Möglichkeiten für Eigenleistungen:

❑ Wandgrundierung

❑ Malerarbeiten

❑ Tapezierarbeiten

❑ Parkett- und Holzfußböden

❑ Kunstoff- und Laminatfußböden

❑ Teppichboden

❑ Fliesenbelagsarbeiten

❑ Elektro – Endmontage

❑ Sanitär – Endmontage

❑ Außenanlage, Garten und Eingangsbereich

❑ Trockenbauarbeiten

❑ Dachisolierung

❑ Gartenarbeiten

Achtung: Eigenleistung

Die Oberflächengestaltung der Deckenuntersicht, z.B. mit Fertigteilfugen verspachtelt, gehört zu den Malerarbeiten oder Tapezierarbeiten!

Sollten Sie die Malerarbeiten als Eigenleistung aus Ihrem Vertrag herausnehmen, so sind auch die Fugen zu verspachteln.

Lassen Sie sich von Ihrem Vertragspartner genau bestätigen, welchen Umfang die Eigenleistung umfasst und welche Zusatzarbeiten darin enthalten sind.

Einliegerwohnung

Die Überlegung, eine Einliegerwohnung mit zu planen und zu bauen, kann steuerlich interessant sein!

Prüfen Sie die Möglichkeit einer Einliegerwohnung – und ist diese noch so klein. Es können schon ca. 20 qm mit kleiner Kochnische und Nasszelle ausreichen.

Sie haben so die Möglichkeit, diese Räume für ein Kind oder die Großeltern einzurichten, zu vermieten, als Gästewohnung, Büro oder als Wohnung für eine Pflegekraft im Alter zu nutzen.

Hier ist auch zu überlegen, ob Sie die Einliegerwohnung bzw. das Zimmer zunächst für ein Kind nutzen und später, wenn das Kind nicht mehr im Haus wohnt, zu vermieten.

Tipp:
Eine Vermietung (d.h. die Mieteinnahme) bezahlt Ihnen die Nebenkosten Ihres Hauses. Eigentlich immer eine gute Sache wenn man die Möglichkeit hat, ein Zimmer abzutrennen und mit einem kleinen Bad zur Verfügung zu stellen.

Wichtig:
Berücksichtigen Sie die Trennung der Hauptwohnung/Räume und der Einliegerwohnung in Ihrem Bauplan, in einer Teilungserklärung, offiziell. Nur so können Sie später die Kosten der Einliegerwohnung mit den Mieteinnahmen verrechnen und steuerlich geltend machen. Auch die Finanzierung sollte in diesem Fall getrennt sein. Also Haupthaus und Einliegerwohnung getrennt. Das vereinfacht vieles bei der Steuer und dem Absetzen der Kosten.

Achtung:
Bei einer Einliegerwohnung gibt es Vorschriften über die Anzahl der Autostellplätze. Bitte berücksichtigen!

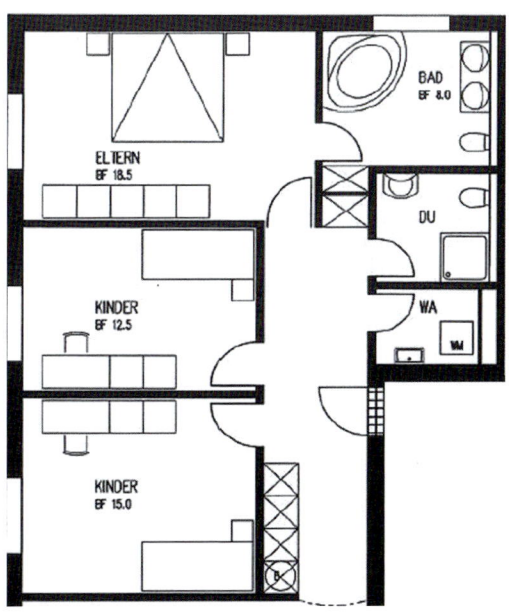

Ausschnitt aus einem Bauplan mit Einrichtungsgegenständen.

Raumbestimmung und Planung

Checkliste

Legen Sie fest, welche Räume Sie in Ihrem Haus haben möchten:

	Anmerkungen
Wohnraum	
Esszimmer	
Wohnraum offen + Esszimmer	
Wohnraum offen + Esszimmer + Küche	
Küche	
Küche + Vorratsraum	
Schlafzimmer	
Schlafzimmer mit Ankleidezimmer begehbarer Raum	
Büro	
Kinderzimmer / Anzahl	
Gästezimmer	
Bad / Bäder ohne WC	
Bad / Bäder mit WC	
Gäste WC	
Abstellraum	
Kellerraum	
Spielzimmer	
Waschküche	
Werkstatt	

	Anmerkungen
Fitness	
Sauna	
Einzelgarage	
Doppelgarage	
Stellplatz	
Carport	
Offener Kamin	
Kaminofen	
Wo wird das Brennholz gelagert?	
Erker	

Balkon
  Erdgeschoss
  Obergeschoss
  Dachgeschoss	

Loggia	
Terrasse	
Garten	
Wintergarten	
Wo stehen die Mülltonnen?	
Wo steht die Waschmaschine?	
Wo steht der Trockner?	
Außenanlage	
Außentreppen	
Eingangsbereich	

Abstellräume

Leider wird in der Planung kaum ein Abstellraum berücksichtigt, trotzdem ist er generell
und speziell für die Hausarbeit unersetzlich.

Ein Abstellraum sollte verfügbar sein für:
• Bügelbrett
• Staubsauger
• Putzmittel und Eimer
• Koffer
• Bei entsprechender Raumgröße auch für
  die Waschmaschine und den Trockner
• Diverses

Prüfen Sie, ob evtl. unter der Schräge oder
in einem Eck-Bereich ein oder zwei kleine
Abstellräume möglich sind. Es gibt immer
Gegenstände die aus dem Wohnbereich ver-
schwinden sollten.

Achtung Einstiegstür:
Hier sollte in Ihrem Kaufvertrag der Zugang
durch eine Tür enthalten sein! Achten Sie auf
die Größe und Beschaffenheit dieser Tür.
Bitte dem Planer genau beschreiben.

Einzelne Gewerke

Die Erstellung des Hauses erfolgt in einzelnen, als *Gewerke* bezeichneten, Arbeitsgängen der Handwerker:

Folgende Gewerke/Reihenfolge der Arbeiten, erstellen Ihr Haus:

❏ Erdarbeiten

❏ Tiefgründung

❏ Rohbau

❏ Garage – Garagentor (elektrisch), Carport

❏ Stellplatz

❏ Zimmerarbeiten

❏ Dachdeckerarbeiten

❏ Glaserarbeiten / Fenster / Glastüren

❏ Flaschner / Klempner / Installateur

❏ Sanitär

❏ Heizung

❏ Elektroinstallation

❏ Treppen / Treppengeländer

❏ Schreiner

❏ Türen

❏ Gipser / Stuckateure

❏ Schlosser – Metallbau

❏ Estrich

❏ Rollladen – Jalousien

❏ Bodenbeläge:
   Fliesen / Teppich / Laminat / Parkett

❏ Natursteinarbeiten

❏ Malerarbeiten

❏ Fenstersims außen / innen

❏ Rohplanierung

❏ Außenanlage / Garten

❏ Solaranlage

❏ Zisterne

Hinzu kommen:

❏ Kamin – offener Kamin – Schornstein

❏ Kaminfeger Abnahme

❏ Hausanschlüsse:
   Frisch- und Abwasser / Kontrollschacht

❏ Strom

❏ Gas

❏ Telefon

❏ Kabel oder SAT-Anlage

❏ TV-Medien – Internet

❏ Versicherungen / Bauwesenversicherung

❏ Miet-WC für die Baustelle

❏ Baukran und anderes Baugerät

✏ *Und dann sind noch zu bedenken:*

❏ Außentreppen

_____

❏ Terrasse / Rohplanierung oder fertig

_____

❏ Grundstück: Hecke / Mauer / Zaun

_____

❑ Eingangsbereich / Weg / Mauer

_____

❑ Pflanzen

_____

❑ Pflastern – Steine Pflasterung

_____

❑ Sichtschutz, evtl. Mauer

_____

❑ Vordach Eingangsbereich

_____

❑ Sonnenschutz / Markise

_____

❑ Sonnenschutzsegel

_____

❑ Elektroanschluss für Markise

_____

❑ Briefkasten / Klingel / Sprechanlage

_____

❑ Wo werden die Mülltonnen stehen?

_____

Entscheiden Sie, wie Sie Ihr Haus gestalten möchten. *Überlegungen zu diesen einzelnen Gewerken* sind zu empfehlen, damit Sie nicht nach Fertigstellung des Hauses sagen müssen:
- Hätten wir doch...
- Wir wussten nicht...
- Wir haben nicht daran gedacht...
- Keiner hat uns das gesagt...
- Schade, nun geht es nicht mehr...

Ihr Vertragspartner, Architekt oder Bauträger, wird Ihnen als Spezialist seine Pläne und Skizzen vorlegen die er für Sie ausgearbeitet hat.

Machen Sie sich jedoch unbedingt auch Ihre eigenen Gedanken, wie Sie in Ihrem Haus leben wollen und bringen Sie Ihre Wünsche ein.

Nachfolgend erhalten Sie zu jedem Gewerk Vorschläge, die es Ihnen erleichtern, bei der Planung keine Wünsche zu übersehen.

Ihr Bau-Vertragspartner wird Ihnen sicher dankbar sein, wenn Sie mit ganz konkreten Vorstellungen in die Verhandlungen kommen. *Was sich dann letzten Endes realisieren lässt und wie viel Ihre finanziellen Mittel zulassen, ist wieder eine andere Geschichte.*

Sie erhalten mit diesen Überlegungen Sicherheit, dass in Ihrem Vertrag und Ihrer Planung nichts vergessen wird. Gehen Sie alle Punkte mit Ihrem Planer bzw. Verkäufer durch und halten Sie Ihre Wünsche und Vorstellungen im Kaufvertrag schriftlich fest.

Planen Sie die Räume um Ihre Einrichtung, sollte diese bereits vorhanden sein, oder überlegen Sie, wie Sie sich gerne einrichten möchten. Wände, Ausschnitte für Türen und Fenster sollten den Möbeln bzw. der Einrichtung angepasst sein. So können Sie leichter ermessen und entscheiden, wie die Aufteilung der einzelnen Räume sein soll und wie Sie in diesen Räumen leben werden.

Wichtig:

Stellen Sie sich diese Fragen:

Wie sollen die Räume eingerichtet werden?
Wie wollen Sie in diesen Räumen wohnen?

Sobald Sie einen Plan/Entwurf mit Grundrissen der Räume im Maßstab 1:100 von Ihrem Haus haben, können Sie Ihre *Einrichtungsgegenstände im entsprechenden Maßstab* einzeichnen, um ein Gefühl für die Raumplanung und den Platzbedarf zu bekommen. Die Wand einen Meter hin oder her, die Fenster anders platziert, höher oder tiefer, eine Tür an einer anderen Stelle, können hier schon wichtig und richtungsweisend sein.

Achtung:

Oft hat die voreingezeichnete Einrichtung der Möbel, oder die Maße der Sanitärgegenstände auf den Bauplänen, nicht den korrekten Maßstab wie der Plan, sodass die Platzoptik nicht richtig dargestellt wird und hier ein falsches Platzgefühl entsteht.

Überprüfen Sie daher die eingezeichneten Gegenstände, wie z.B. Schränke, Tische, Sanitärgegenstände, Badewanne usw., auf das wirkliche Maß, den richtigen Maßstab und lassen Sie diesen evtl. abändern und in Ihrem gewünschten Maß einzeichnen.

Hinweis:

Am Ende des Buches (ab Seite 78) finden Sie gezeichnete Einrichtungsgegenstände im Maßstab 1:100. Schneiden Sie die Symbole, die Ihrer Einrichtung oder Ihrer Vorstellung entsprechen, aus und legen Sie diese in die vorgesehenen Räume in der Grundrisszeichnung. So bekommen Sie eine bessere Raum- und Platzvorstellung.

Wände:

Aus welchem Material und in welcher Stärke/Wanddicke sollen die Hauswände/Trennwände sein? Bedenken Sie die Schalldichte der Wände und was Sie an die Wände hängen möchten. Sollten Nischen in den Wänden entstehen sind breitere Steine angebracht. Wollen Sie mit bestimmten Mauersteinen bauen? Prüfen Sie die unterschiedlichen Fähigkeiten für Wärmedämmung und Wohnklima. Hier gibt es sehr große Unterschiede.

Tipp:

Prüfen Sie, ob es für Sie sinnvoll ist, eine Raumtrennung nicht zu mauern sondern in flexibler Ständerleichtbauweise zu erstellen, da sich Ihre private Wohnsituation einmal ändern könnte. Wenn zum Beispiel jetzt mehrere Kinderzimmer gebraucht werden, die Kinder aber später das Haus verlassen, wird die Trennwand einfach wieder entfernt und Sie erhalten damit größere, luftige Wohnräume.

Legen Sie für Ihre Planung fest:

Dachneigung:

Eine flachere Dachneigung ist günstiger für mehr Wohnraum im Dachgeschoss.

Gauben im Dach:

Ein Dachausschnitt für weitere nutzbare Wohnfläche ist jedoch mit Mehrkosten verbunden.

Dachgebälk:

Legen Sie fest, ob Sie ein sichtbares Dachgebälk (evtl. auch gestrichen) haben möchten oder ein unsichtbares Gebälk.

Abgehängte Decken:

Ist Ihnen die Dachspitze, der Dachraum, zu hoch? Hier kann die Decke abgehängt werden. Oder wollen Sie die Dachspitze nützen und noch eine Zwischendecke einziehen um hier begehbar durch eine kleine Treppe diesen Dachraum als Arbeitszimmer, Abstellraum usw. zu nutzen?

Dachvorsprung:

Ein größerer Dachvorsprung schützt Ihr Haus besser vor Wasser. Über einem Balkon ist ein weiterer Dachvorsprung für den Schutz vor Regen und zur Beschattung zu empfehlen und Sie ersparen sich damit eventuell eine Markise. Der Dachvorsprung kann bis zu zwei Meter über einem Balkon oder einer Terrasse sein.

Schneefanggitter am Dach:

Über dem Eingangsbereich oder dem Bereich, in dem eine Gefährdung durch herunterfallenden, gefrorenen Schnee oder Eis besteht, ist dringend an der Dachrinne ein Schneefanggitter zu empfehlen. Nehmen Sie diese Vereinbarung mit genauen Montage- und Kostenangaben in Ihrem Kaufvertrag oder als Ergänzung zum Kauf-/Bauvertrag auf.

Kniestock:

Nennt man die oberste Außenmauer, auf der das Dach sitzt. Ein höherer Kniestock (und eine flachere Dachneigung) ergibt größeren Wohnraum. Hier sollten Sie prüfen, ob Sie unter die Schräge noch Möbel stellen möchten oder inwieweit Sie hier noch aufrecht stehen möchten.

Raumhöhe / Zimmerhöhe

Legen Sie die Raumhöhe fest. Vor allem bei größeren Räumen ist ein höherer Raum wirkungsvoller und vermittelt auch mehr Wohnqualität.

Wichtig:
Mauern, Trennmauern sowie niedrige Trennmauern:

Diese müssen in Ihren Kaufunterlagen eingezeichnet und bezeichnet sein, damit die Kosten der Herstellung bzw. Errichtung auch in Ihrem Kaufpreis enthalten sind, z.B. für:

- den Außenbereich – Haupteingang-Vormauerung über der Eingangstür als Vordach, seitlich als Wetterschutz usw.
- eine gemauerte Balkonbrüstung als Sichtschutz zu den Nachbarn.
- Sichtschutzmauern an der Terrasse zum Nachbar.
- im Eingangsbereich für eine Garderobe.
- Nischen, in die Sie einen Schrank einbauen.
- Badezimmer: Abtrennung-Sichtschutz für WC, evtl. Bidet, begehbare Dusche usw.
- Küchenbereich, z.B. für eine Theke.
- Einbau der Badewanne. Podest, z.B. Ablagen oder über Eck eingebaut.
- Ablage in der Dusche, Fußbank usw.
- Haben Sie Platz in Ihrem Badezimmer für eine kleine Garderobe für die Nachtwäsche zwischen zwei Mauern? Oder eine parallele Mauer für Regalbretter?
- *Küche / Abluft zum Wäschetrockner:* Der Mauerdurchbruch für den Dunstabzug muss klar definiert sein und dass dieser im Kaufpreis enthalten ist.

Nur wenn diese Mauern auch als Mauern in Ihrem Baugesuch, das Bestandteil Ihres Vertrages ist, eingezeichnet und in der Baubeschreibung beschrieben sind, werden und müssen diese auch im Preis beinhaltet sein.

Beispiele:

• Trennmauern im Badezimmer

• In der Küche eine Theke

• Eingangsbereich – Wind-/Sichtschutz

• Gemauerte Balkonbrüstung

• Sichtmauern für Mülleimer

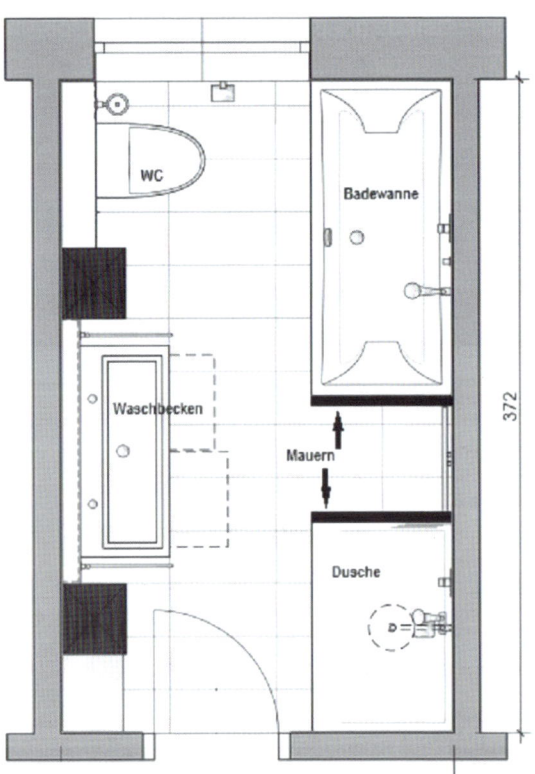

Badezimmer mit Trennmauer zwischen Badewanne und Dusche.

Rohbau

Rohbau

Mit dem Rohbau definieren Sie das Gerippe Ihres Hauses. Länge, Breite, Höhe, Einteilung der Räume, Keller, Platzierung der Fenster und Türen usw., also alles was gemauert oder in Beton ausgeführt werden soll.

Keller

Achtung: Bei einem bewohnten und/oder beheizten Kellerraum ist eine Dämmung Vorschrift! Hier lauern Mehrkosten aus verschiedenen Gründen! Bitte einplanen.

Badewanne oder Dusche mit Duschbecken tiefer eingebaut

Wenn Ihre Badewanne tiefer eingebaut wird, ist der Einstieg einfacher und besonders für ältere Menschen sowie für Kinder sehr praktisch. Aber im Vertrag eindeutig festhalten.

Soll die Badewanne in ein Podest eingebaut werden? Auch das wäre dann auf den Plänen des Baugesuchs und der Baubeschreibung eindeutig zu dokumentieren.

Dusche

- Begehbar gemauert?
- Innen mit einer Sitzbank oder Ablage gemauert?
- Duschabtrennung aus Glas oder mit Vorhang?
- Nischen für die Ablage oder Beleuchtung?

Tipp:

Sollten Sie ein innen liegendes Badezimmer planen, ist zu überlegen, ob ein Oberlicht (z.B. mit Milchglas oder Klarglas), oder vielleicht sogar ein in einen angrenzenden Raum zu öffnendes Fenster sinnvoll ist. So können Sie mehr Luft und Licht in das Badezimmer, oder mit einem Fenster auch innerhalb der Wohnräume mehr Belüftung erreichen.

Fußbodenheizung

Aufbau der Wohnungsdecken – hier die gewünschte Raumhöhe berücksichtigen.

Zimmertüren / Ausschnitte

Empfehlung: Besser breitere als zu schmale Türen einplanen.

Eingang – Überdachung:

Zum Beispiel wenn die Decke über dem Eingangsbereich herausgezogen wird ist der Eingangsbereich geschützt. Dies muss jedoch schon im Rohbau festgelegt und ausgeführt werden.

Treppen / Treppenbeläge im Rohbau

- Betontreppen mit Belägen
- Außentreppen zum Gartenbereich
- Rampenweg zur Haustür

Form der Innentreppen festlegen

- Gerade Treppe
- Wendeltreppe
- Podesttreppe
- Halbpodesttreppe
- Rundtreppe
- Andere Treppen

Tipp:

Höhe, Tiefe der Stufen prüfen. Keine zu hohen Stufen! Eine Stufe mehr, auch tiefere Stufen, machen das Begehen einfacher.

Tipp:

Garderobe – Berücksichtigen Sie einen fertigen Schrank, z.B. einen Küchenhochschrank oder ein großes Regal als Schuhschrank. Lassen Sie den Schrank einmauern bzw. die Mauern so setzen, dass Sie den Schrank nach Fertigstellung einfach in die Nische schieben. Eine optimale Lösung, denn alle Schuhe sind nun bestens aufgehoben. Wie ein Einbauschrank! Oder bauen Sie eine Garderobe unter der Treppe als Schrank ein.

Mauer im Badezimmer

Auch im Badezimmer können Sie einen Küchenhochschrank oder anderen Schrank zwischen zwei Wänden für die Utensilien der Familie einbauen. Wenn Sie dies bereits *im Vorfeld planen*.

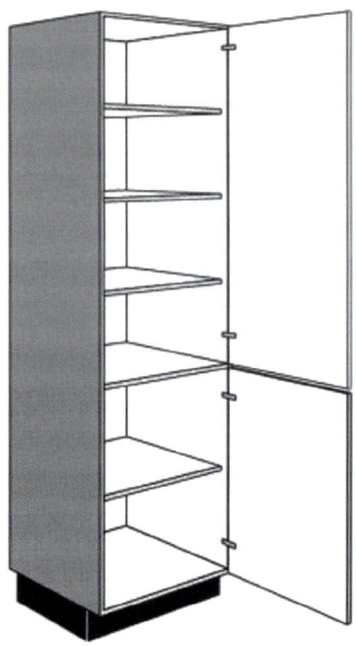

Diese Möglichkeit, einen fertigen Schrank einzubauen, ist preiswert und sieht gut aus. Empfehlenswert sind hier z.B. auch einzelne Küchenmöbel, zum Teil mit Schubladen, in denen Sie die Handtücher und Bad-Utensilien aufbewahren könen. Diese Lösung sieht dann wie ein Einbauschrank aus und stört nicht im Raum. Diese Entscheidung sollte man schon für den Rohbau planen. Vielleicht bauen Sie den Schrank – bzw. die Wand für den Schrank – auch versetzt in einem angrenzenden Raum ein.

Wäscheabwurf / Wäscheschacht

Durch einen Wäscheschacht ersparen Sie sich das Tragen der Schmutzwäsche in den Keller bzw. zur Waschmaschine. Jeder kennt das Problem: Schmutzige Wäsche im Wäschekorb, der Berg wird immer größer und der Weg in den Keller zur Waschmaschine ist weit. Die Lösung: Über ein Rohrsystem und Einwurfklappen an entsprechenden Stellen in den einzelnen Stockwerken gelangt die Wäsche durch das Rohr direkt in den Keller bzw. Waschraum. Die Schmutzwäsche fällt von jedem Stockwerk direkt in einen Wäschekorb oder entsprechenden Behälter in der Nähe der Waschmaschine. Lästiges Wäscheschleppen entfällt.

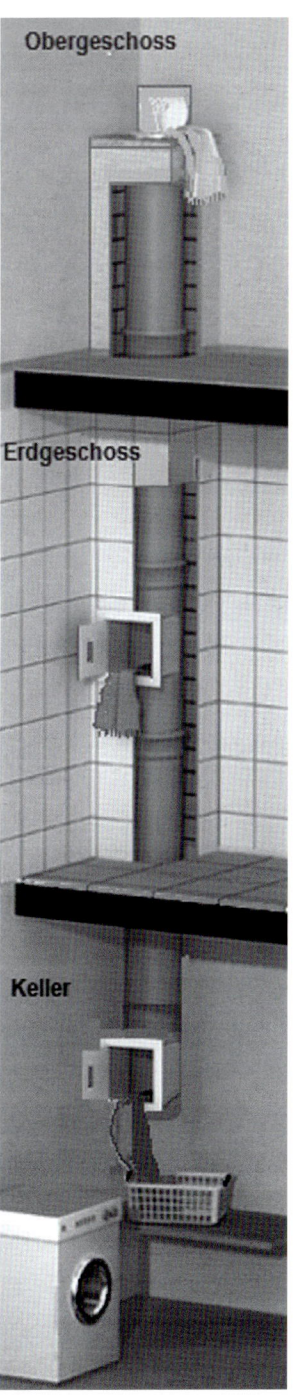

Balkon und Terrasse

Die Abdichtung ist ganz wichtig: Hier gibt es oft nach Jahren Probleme mit dem Wasser. Zum Beispiel wenn unter Ihrem Balkon auch Wohnraum ist. Die Abdichtungen bzw. Isolierungen halten ca. 5 bis 10 Jahre, dann kann es undicht werden. Deshalb ist es sehr wichtig, dass Sie sich für die Abdichtung bzw. Isolierung eine schriftliche Garantie von mindestens 10 Jahren geben lassen. Eine längere Garantiezeit wäre noch besser.

Belag

❏ Fliesen im Kiesbett verlegt

Bei größeren Balkonen ist es schön, wenn die Fliesen nicht bis an den Rand des Balkons verlegt werden sondern dort auch eine Reihe größerer Steine liegen. Dies gibt dem Balkon oder der Terrasse ein mediterranes Flair.

❏ Fliesen in Estrich fest verbunden
   mit Fugen

Bei einer großen Fensterfläche an Balkon oder Terrasse erzeugt man ein großzügiges Bild wenn die Fliesen für den Außenbereich und Innenbereich gleich sind. Hier sind frostsichere Fliesen zu empfehlen.

❏ Holzbelag / Holzfliesen

❏ anderer Belag

Bitte prüfen:

Wie läuft das Wasser ab? Gitterroste? Regenrinnen? Bei barrierefreiem Übergang?

Balkonbrüstung

❏ gemauert oder aus Beton

❏ auch mit unterschiedlichen Höhen
   evtl. als Sichtschutz

❏ Metallelement

❏ Holzelement

❏ Glaselement

❏ Sonstiges

❏ Abdeckung bei 90 cm Fertighöhe mit
   Granit oder, wenn niedriger, mit Metallelementen bis zur Normhöhe

Achtung Balkonbrüstung:

Hier sind Vorschriften zu beachten, z.B. für Kinder, Stababstände, keine Querstäbe usw.

Tipp:

Überlegen Sie bei einem größeren Balkon einen Wasseranschluss auf dem Balkon zu installieren. Es gibt im Handel einen sogenannten Schrumpfschlauch, der bis ca. acht Meter reicht und sich nach Gebrauch zurückrollt.

Legen Sie auch für den Balkon die Stromanschlüsse fest für:

• Beleuchtung
• Steckdose/n
• Stromanschluss für Markise
• Stromanschluss für Elektrogeräte
• Lichtschalter usw.

Garage und Stellplatz

- ❏ Garage aus Mauerwerk
- ❏ Fertiggarage
- ❏ Einzelgarage
  Normmaße oder Sondermaße
- ❏ Doppelgarage
- ❏ Garage im Haus
- ❏ Garage neben dem Haus
- ❏ Bei genügend Platz Garage länger als das Auto bauen, Sichtmauer/Abtrennung einbauen. So schafft man einen Abstellplatz, z.B. für Fahrräder, Gartengeräte
- ❏ Zugang/Tür ins Haus
- ❏ Tür im Garagentor
- ❏ Garagenboden / Bodenbelag mit Fliesen
- ❏ Garagenboden / Sonstiges
- ❏ Fenster / evtl. flaches Oberlicht
- ❏ Strom / Steckdose
- ❏ Elektrischer Toröffner
- ❏ Beleuchtung
- ❏ Wasseranschluss
- ❏ Carport – offen oder geschlossen
  Beleuchtung nicht vergessen
- ❏ Stellplatz am Haus
- ❏ Stellplatz im Freien

Prüfen Sie welchen bzw. wie viel Platz Ihr Fahrzeug braucht und ob Sie genügend Platz zum Ein- und Aussteigen haben. In der Regel sind die Garagen zu klein!

❏ Sichtbares Gebälk

   mit Farbe gestrichen oder lasiert

❏ Nicht sichtbares Gebälk

❏ Wird eine Dachgaube gewünscht?

❏ Dachvorsprung – groß oder klein

Dachüberstand / Dachübersprung bezeichnet man den Teil des Daches, der über die Außenwand eines Gebäudes herausragt. Ein großer Dachüberstand bietet im Sommer Schutz vor starker Sonneneinstrahlung und beugt damit einer Überhitzung der Wohnräume vor. Primärer Zweck des Dachüberstands ist der Schutz der Außenwand vor Feuchtigkeit und Niederschlag.

Dachdecker

Je nach Dachform und regionaler Bauverordnung entscheiden Sie sich für die entsprechenden Dachziegel, deren Material, Form und Farbe.

> Ton-Dachziegel verschmutzen schneller als engobierte mit geschlossener Oberfläche oder glasierte. Sie sind teurer, aber meist auch langlebiger.

Achtung:

In manchen Baugebieten gibt es Vorschriften für Form und Farbe der Dachziegel, dort können Sie nicht immer frei entscheiden. Unbedingt also vorher abklären.

Dachdämmung mind. 20 cm. Vollsparrendämmung.

Soll eine Solaranlage / Photovoltaikanlage auf das Dach?

Die Photovoltaik ist eine Energietechnik, bei der man das Sonnenlicht in Strom umwandelt. Die Technik beruht auf der Solarzelle. Die *Photovoltaikanlage*, auch *PV-Anlage* bzw. „Solarstromanlage" genannt, bezeichnet eine industrietechnische Anlage, die Energie in Form von Solarstrom bereitstellt. Dafür benötigt die Photovoltaikanlage vor allem Solarzellen und einen Speicher (Akkumulator). Die Solarzellen werden zu Solarmodulen oder -paneelen zusammengeschlossen. Zu klären ist, in welchem Umfang und an welcher Stelle?

Dachrinnen:

Denken Sie evtl. an eine Öffnung des Dachrinnenablaufrohrs für den Gartenbereich und den Ablauf in ein Wasserfass für die Gartenbewässerung oder in eine Regentonne.

Eine Zisterne?

❑ Im Erdreich unterhalb
❑ Im Erdreich oberhalb

Dachrinne / Dachrinnenabdeckung:

❑ Titan
❑ Zink
❑ Kupfer
❑ Kunststoff
❑ Dachrinne mit Schmutzfanggitter abgedeckt

Wichtig:

Schneefanggitter auf dem Dach und evtl. über dem Eingang (siehe auch Seite 35).

Glaserarbeiten – Fenster und Türen

Prüfen Sie, ob ein Glasausschnitt oder vielleicht eine Ganzglastür mehr Licht in Ihre Wohnräume lässt. Treffen Sie dann die Entscheidung:

❑ Klarglas

❑ Strukturglas

❑ Milchglas

❑ Nur Teil-Glasausschnitt

Denken Sie an die genaue Beschreibung des Zubehörs, der Beschläge und der Materialien, wie z.B. der Drückergarnituren, Schlösser, Verglasungen (Wärme-/Schall-/Einbruchschutz).

Bei der Auswahl der Fenster ist unter anderem Ihre Einrichtung zu beachten und denken Sie daran, dass evtl. unter dem Fenster ein Möbelstück stehen soll.

Tipp:

Große Fenster sind heute keine Energiefresser mehr. Es ist zu empfehlen, die Fenster und Glastüren/Terrassentüren *so groß wie möglich* zu planen da Ihr Haus durch die Sonneneinstrahlung an effektiver Wärme gewinnt und Sie sich in einem hellen Haus sicher wohler fühlen.

Lassen Sie sich nicht einreden Fensterfläche würde mehr kosten als Mauerfläche. Die Mauerfläche braucht:

• Steine/Beton

• Außenisolierung

• Außenputz

• Außenfarbe

• Innenputz

• Grundierung

• Innenfarbe / Tapete / Putz

Überlegen Sie welche Fenster Sie wie beschatten wollen. Vorhandene Dachfenster nicht vergessen. Bodentiefe Fenster bringen viel Licht und Luft. In der Regel wählt man heute eine Dreifachverglasung.

Entscheiden Sie:

- ❏ Einfachverglasung
- ❏ Zweifachverglasung
- ❏ Dreifachverglasung
- ❏ Getönte Gläser
- ❏ Sicherheitsglas, auch geteilt, (z.B. an bodentiefen Fenstern im Obergeschoss)

Fenster / Glasarbeiten

- ❏ Holzfenster (Farbe)
- ❏ Kunststofffenster (Farbe)
- ❏ Normfenster mit Brüstung
- ❏ Normfenster bodentief
- ❏ Fenster als Oberlicht (z.B. Küche, Badezimmer, WC o.ä.)
- ❏ Fenster zum kippen, wie wird gekippt?
- ❏ Fenstergriffe, welche Art gefällt Ihnen?
- ❏ Fenstergriffe abschließbar, zu empfehlen bei Fenstern im Untergeschoss (Einbruchssicherung)
- ❏ Fenstergriffe nicht abschließbar

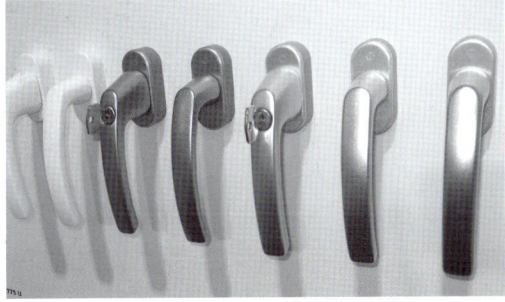

Terrassentüren, Schiebetüren, Kipptüren

- ❏ Terrassentür nur als einfaches Schiebeelement
- ❏ Terrassentür normal (auf Ausstieg achten!)
- ❏ Terrassentür als Hebe-, Schiebe- oder Kipp-Element

Leider werden solche Türen oft mit einer unpraktischen Stolperfalle (Absatz) gebaut. Eine Entscheidung für einen barrierefreien Ausgang ist unbedingt zu empfehlen.

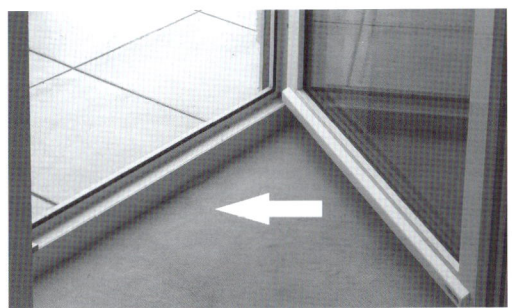

Für barrierefreien Zugang zu Balkon und/ oder Terrasse werden sowohl Kinder (Dreirad oder rollendes Spielzeug) als auch an ebenerdige Fortbewegung gebundene (z.B. Rollstuhlfahrer) und meist ältere Menschen, dankbar sein.

Wasseranschluss im Außenbereich beachten:

❏ in der Garage

❏ im Garten

❏ im Terrassenbereich / evtl. Balkon

❏ im Eingangsbereich

Ganz wichtig für den Winter: Gartenwasserhähne immer mit Absperrhahn und Entleerungsmöglichkeiten im Untergeschoss vorsehen.

Bedenken Sie bei der Planung, dass das WC oder die Dusche nicht an eine Schlafzimmerwand angrenzt bzw. sich nicht über einem Schlafzimmer befindet! **Hier besteht die Gefahr von Geräuschbelästigung.**

Bezeichnung der Sanitärgegenstände in Ihrer Baubeschreibung:

Lassen Sie sich nicht auf eine Bezeichnung wie zum Beispiel „...oder ähnliches Fabrikat..." in Ihrem Kaufvertrag ein. Je genauer alles definiert ist, umso besser für Sie und Ihre Finanzkalkulation.

Tipp:

Halten Sie bei allen Gegenständen das **ausgewählte Fabrikat genau** in Ihrer Baubeschreibung fest. Sehen Sie sich die sanitären

Einrichtungsgegenstände für Ihre Kaufentscheidung im Handel im Original an. Es werden gerne auch Einrichtungsgegenstände, Badewannen und Duschwannen mit Emailoberfläche / emailliertem Stahlblech in der Baubeschreibung aufgeführt. Qualitativ hochwertige und modern gestaltete Sanitärelemente werden heute vor allem aus Acryl gefertigt.

Badewanne:

Wenn Sie gerne baden, sollten Sie unbedingt im Fachhandel in Ihrem Wunschmodell zur Probe liegen. Es gibt sehr moderne und schöne, aber leider auch sehr unbequeme Wannen!

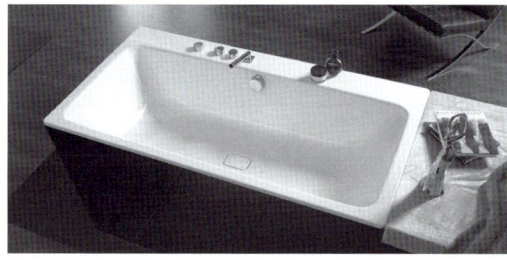

Ein Waschbecken und ein Spiegel, bitte Größe festlegen!

Zwei Waschbecken und zwei Spiegel, bitte Größe festlegen!

Wasserlauf

Aus der Wand (Bild 1) oder am Waschtisch (Bild 2) montiert?

Wählen Sie Ihre Armaturen aus, die Ihnen gefallen und achten Sie darauf, dass diese in der Baubeschreibung mit genauer Bezeichnung aufgeführt sind.

Für welchen Duschablauf entscheiden Sie sich?

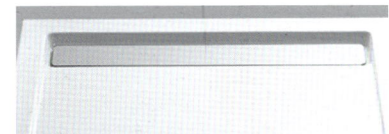

Sehen Sie sich die unterschiedlichen Abflüsse im Handel an.

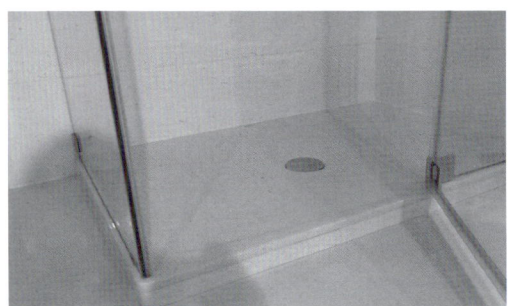

Mittiger Bodenablauf

Achtung:

Duschbecken-Rand nicht so! Enorme Stolperfalle, deshalb nur ebenerdig und flach.

Beispiel:

Flaches Duschbecken mit Glaswand und
Duschwasser aus der Wand.

✏️ *Legen Sie für Ihr Badezimmer fest:*

❏ ohne Badewanne

❏ mit Badewanne:
  Maße, Art, Form, Fabrikat genau angeben

❏ Wanne über Eck usw.

❏ Badewanne freistehend

❏ Badewanne eingebaut mit Podest/Ablage

❏ Badewanne tiefer eingebaut

❏ Badewanne und Dusche in einer Einheit

❏ Dusche begehbar ebenerdig
  gemauert + gefliest

❏ Dusche mit teilweise gemauerter Wand

❏ Dusche mit kleinem, mittigem Abfluss

❏ Dusche mit langer Abflussrinne

❏ Duschraum mit gemauerter Ablage,
  Podest, Sitz-Bank ist zu empfehlen!

❏ Dusche mit flacher Duschwanne
  tiefer eingebaut für ebenerdige Begehung

❏ Duschwanne: Material Acryl

❏ Duschabtrennung mit Glas
  Wie? Welches?

❏ Duschabtrennung mit Vorhang

❏ Duschwasser aus der Decke,
  z.B. Regendusche

❏ Duschwasser seitlich aus der Wand

❏ Duschwasser seitlich mit Stange
  und Duschkopf

❏ Dusche und Badewanne mit Thermostat

❏ Badewanne: Material Acryl

❏ Einzelwaschbecken

❏ Doppelwaschbecken

❏ zwei kleinere Spiegel – Maße festlegen

❏ großer Spiegel quer über Doppelwaschbecken oder Einzelwaschbecken – Maße
  festlegen

Sie können die oder den Spiegel auch
aus dem Angebot nehmen und dafür
zwei gekaufte schöne Wohnraum-Spie-
gel mit Rahmen aufhängen

❏ Spiegel-Beleuchtung festlegen:
  aus Wand oder Decke

❏ Armaturen für Waschtische, Dusche,
  Badewanne

❏ WC: Achtung Sitzhöhe bestimmen!
  Körpergröße berücksichtigen

❏ Bidet: Achtung Sitzhöhe bestimmen!

❏ Urinal evtl. im Gäste WC ?

❏ Handtuch-Heizkörper (im Fachhandel
  werden viele verschiedene Formen und
  Arten angeboten)

❏ Sauna / Dampfbad usw. im Badbereich?
  Strom- und eventuell zusätzlichen
  Wasseranschluss berücksichtigen

❏ Einbauschrank für Handtücher und Kos-
  metik einplanen wenn gewünscht,
  Mauern im Rohbau berücksichtigen

Waschmaschine:

Prüfen Sie, wo die besten Plätze für die Waschmaschine und den Trockner sind. Im Keller bzw. Untergeschoss? Oder ist es vielleicht besser die Waschmaschine im Bad zu installieren? Dort fällt normalerweise ein großer Teil der Schmutzwäsche an.

Tipp:

Planen Sie doch eine Nische für den Trockner und die Waschmaschine und stellen Sie die Geräte übereinander. So verbrauchen Sie wenig Platz. Eventuell kommt vor die Nische eine Zimmertür, so dass die Geräte nicht zu sehen sind.

Heizung

Diese verschiedenen Möglichkeiten für eine Heizung stehen zur Auswahl:

❏ Erd-Wärme-Pumpe

❏ Holz-Pellets

❏ Holz-Kaminheizung

❏ Gas-Brennwert-Therme + Solar

❏ Brennwert-Therme +
  Solar Gas-Brennwert-Therme

❏ Solarheizung

❏ Öl-Brennwert-Heizung

❏ Deckenstrahlplatten

❏ Blockheizkraftwerk

❏ Andere Systeme

Bitte folgende Entscheidung treffen:

❏ Temperierten Fußboden

❏ Flächentemperierungen

❏ Fußbodenheizung

❏ Andere Systeme

heizung, nutzen. In den Übergangszeiten ist sie so ein verlässlicher und sparsamer Partner – insbesondere dann, wenn die Warmwasserbereitung dezentral oder über Solartherme erfolgt und die zentrale Heizanlage im Sommer abgeschaltet werden kann.

Elektrische Fußbodenheizungen bieten einen hohen Wärmekomfort. Entgegen dem weitverbreiteten Vorurteil, erhöhte Stromkosten zu verursachen, besitzen diese sogar Einsparungspotenzial: Sie liefern gezielte, schnelle Wärme und zwar nur innerhalb der programmierten Nutzungszeiten. Auch lässt sich die Fußbodentemperierung das ganze Jahr hindurch, unabhängig von der Haupt-

Elektroinstallation

Denken Sie bei der Beleuchtung auch an die Außenanlagen, den Eingangsbereich, den Balkon, die Terrasse, den Garten und nicht nur an die Innenräume. Bei den Steckdosen und weiteren Elektroanschlüssen ist Ihre Einrichtung, Ihre Art zu wohnen, wichtig. Gehen Sie in Gedanken Ihre Räume durch und legen Sie dann die Schalter und Steckdosen/Mehrfachsteckdosen fest.

In der Regel sind in den fertigen Planungen *viel zu wenige Steckdosen vorgesehen*. Auch hier unbedingt alles schriftlich in der Baubeschreibung festhalten.

Bedenken Sie, dass die Steckdosen, z.B. für den Staubsauger, in Handhöhe unter den Lichtschaltern installiert werden und nicht unten über dem Boden.

✏️ *Überprüfen Sie die Anzahl der:*

Allgemeine Steckdosen	
Doppel-Steckdosen	
Dreifach-Steckdosen	
Mit und ohne Dimmer	
Lichtschalter mit Steckdose	
Staubsaugeranlage?	
Lichtanschlüsse an der Decke oder Wand?	
Wandanschluss Oben – Mitte – Unten/Boden	

Treppenbeleuchtung unten an den Stufen	
Anschluss für Dunstabzugshaube	
Anschlüsse für elektrische Rollladen	
Anschluss für elektrische Markise	
Anschluss Beleuchtung Küche	
Anschluss Herd, Backofen, Mikrowelle usw.	
Anschluss Waschmaschine und Trockner	
Klingel	
Schließanlage	
Briefkastenanlage	
Außenlichter – Eingang, Terrasse, Garten	
Beleuchtung in der Garage	
Elektrisches Garagentor	
Bewegungsmelder im Innen- und Außenbereich	
Bewegungsmelder am Haus und Eingangsbereich	
Blitzableiter	

Anschlussdosen für Fernsehen, Telefon, Internet usw. nicht vergessen! Planen Sie auch hier mehrere Anschlüsse ein und berücksichtigen Sie auch Ihren eventuellen künftigen Bedarf im:

Wohnzimmer	
Essbereich	

Flur	
Schlafzimmer	
Kinderzimmer	
Büro	
Studio	
Einliegerwohnung	

Türsprechanlage

Genau in der Baubeschreibung bzw. in einem Zusatz zur Baubeschreibung festhalten:

Wo soll eine Türsprechanlage mit Öffner installiert werden?

❏ Diele/Flur Erdgeschoss

❏ Diele/Flur Obergeschosse

❏ Dachgeschoss

❏ Kellergeschoss

❏ Einliegerwohnung

Lassen Sie sich keine Leerdosen legen, denn bei einem späteren Anschluss kommen dann wieder Kosten auf Sie zu!

Tipp:

Fotos: Es ist sehr ratsam, von allen Wänden mit Elektroleitungen und Anschlüssen vor dem Verputzen Fotos zu machen.

Damit können Sie nach Fertigstellung der Elektroarbeiten den Verlauf der Leitungen nachvollziehen. Beschriften Sie die Fotos nach Räumen und Wänden. Sie können hierfür auch Nummern vergeben.

Für einen späteren Umbau oder andere Änderungen sind Sie mit den Fotos auf der sicheren Seite!

Treppen

Treppen / Innentreppen
Treppenstufen
Treppengeländer

- Fertigtreppe Beton mit Fliesen
- Belag wie Zimmer-Fußboden
- Fertigtreppe Beton mit Teppich
- Holztreppe / Holzart festlegen
- Holz- / Stahlkonstruktion
- Metall- / Stahltreppe
- Treppe mit seitlicher Verglasung
- Andere Möglichkeiten

Tipp:

Bedenken Sie, dass eine zusätzliche Treppenstufe das Begehen der Treppen leichter macht. Hier also Treppenstufen-Höhe und Treppenstufen-Tiefe prüfen.

Eine Podesttreppe ist auch besser zu begehen als eine komplette Treppe von Stockwerk zu Stockwerk oder eine Wendeltreppe.

Welcher Treppen-Handlauf soll es sein?

(Achtung: es gibt Vorschriften für Kinder)

- Holzlauf
- Metalllauf
- Metall, z.B.bei Verglasung
- Gemauerte Brüstung
- Kordel-Handlauf
- Seitlicher Handlauf an der Wand

Tipp:

Ihre Wünsche und Vorstellungen für die Konstruktion der Treppen, das zu verwendende Material, die Ausführung der Verstrebungen, Handläufe usw. sollen im Kaufvertrag unbedingt und vollständig aufgeführt sein!

Seitliche Beleuchtung ist effektiv und sieht gut aus.

Schreinerarbeiten

Zu den Schreinerarbeiten zählen:

- Gebälk innen im Dach sichtbar
- Gebälk innen im Dach unsichtbar
- Laminat- / Holz- / Parkettverlegung
- Holzüberdachungen
- Holzdecken
- Türeinbau: Innentüren, Außentüren
- Andere

Zimmertüren:

- Echtholztüren
- CPL-Türen
- Lisenentüren
- Weißlacktüren
- Designtüren
- Stiltüren
- Vollholz-Stiltüren
- Landhaustüren
- Ganzglastüren
- Holzrahmentüren

Sichtbare Holzbalken

Türen

Material: Holz (Holzart angeben), Kunststoff; Bauweise: z.B. Türblatt Röhrenspanplatte; Oberfläche: Farbe, Holzfurnier oder Folie (Dekor); Genaue Beschreibung des Zubehörs; Plan der vollständigen Hausausstattung mit Türen.

Tipp:

Oft stehen Türen nur offen und sind im Weg. Prüfen Sie deshalb zuerst, bei welchen Räumen eine Tür wirklich Sinn macht und überwiegend geschlossen sein wird. Prüfen Sie auch, ob eine Schiebetür angebracht ist.

Wählen Sie zwischen:

❑ Echtholztüren (Farbe?)

❑ Kunststofftüren (Farbe?)

❑ Kassettentüren

❑ Türen mit Ausschnitten

❑ Glastüren klar oder mit Milchglas o.ä.

❑ Schiebetüren

❑ Falttüren

❑ Andere Türen

Tipp:

Prüfen Sie, ob ein Oberlicht in einer Tür oder eine Ganzglastür, eventuell auch ein Glasausschnitt mit Milchglas, mehr Licht in die Räume bringen würde.

Prüfen Sie auch was besser wäre: ob eine Tür nach außen oder innen aufgeht, so z.B. bei einem kleinen WC oder einem kleinen Raum. Auch hier ist Ihre Einrichtung wichtig, damit nicht eine Tür, wenn diese offen steht, zum Störfaktor im Raum wird.

Mögliche Türmaße / Rohbaumaß (lichtes Öffnungsmaß):

- 610 x 2110 mm
- 635 x 2135 mm
- 735 x 2110 mm
- 760 x 2135 mm
- 860 x 2110 mm
- 885 x 2135 mm
- 985 x 2110 mm
- 1010 x 2135 mm

Entscheiden Sie sich, wenn möglich, immer für breitere Türen.

Tipp:

Die Tür oder Schiebetür zum Balkon bzw. Terrasse und Garten wird in der Regel (DIN Norm) mit einem Absatz zum Aussteigen, also einer Stolperfalle, gebaut. Prüfen Sie, ob Sie eventuell behinderten- bzw. altengerechte Türen/Ausgänge benötigen werden, die eine ebenerdige Verbindung oder einen

ebenerdigen Austritt zu Balkon oder Terrasse zulässt, so dass hier mit der Tür eine
gerade Ebene zum Wohnraum entsteht. Für
ältere Personen und Kinder unbedingt zu
empfehlen (siehe auch Seite 45).

Überlegen Sie, welche Art von Eingangs-
tür Sie sich wünschen werden:

❏ Geschlossene einfache Tür

❏ Tür mit einem Glaselement

❏ Tür mit Glaselement links und rechts

❏ Andere Türen-Art

Beispiele von Eingangstüren

Maler und Lackierer

Wie möchten Sie die Verkleidung Ihrer
Wände haben?

❏ Tapete

❏ Rauputz

❏ Strukturputz

❏ Andere Gestaltung?

❏ Hausfassade: welche Farbe?

Außenputz, Innenputz, Wärmedämmung

Wenn man vom Schimmel im Haus spricht
dann kommen automatisch solche Sprüche:
„Es wurde nicht richtig gelüftet!", „Bei der
Wärmedämmung können die Wände ja auch
nicht mehr atmen!" usw. In den meisten Fäl-
len liegt aber die Bildung von Schimmel am
falschen Material, an einer schlechten Verarbeitung der Wärmedämmung oder dem
Zusammenspiel von neuer Wärmedämmung
und alten Fenstern oder umgekehrt.

Mineralische Putze und Dämmsysteme haben einen eingebauten Sicherheitsfaktor.
Wärmedämmung mit mineralischen Putzen
bedeutet diffusionsoffene Wände. Mineralischer Putz hat eine extrem lange Haltbarkeit
und Witterungsbeständigkeit. Wärmedäm-
mungen mit mineralischen Putzen trotzen
Wind, Wasser und Feuer.

Tipp:
Ein mineralischer Außen- und Innenputz
ist auf jeden Fall zu empfehlen.

Schlosser und Metallbauer

Haus- und Wohnungsschlüssel. Werden diese ausgehändigt, sollten alle Schlüssel, ggf. auch andere Schließsysteme, mit Angabe der Stückzahl im Übergabeprotokoll vermerkt werden.

Tipp:

In der Regel bekommen Sie zu den Schlössern zu wenig Schlüssel. Stückzahl deshalb rechtzeitig festlegen.

Überlegen Sie daher in der Planungsphase schon, wie viele Schlüssel Sie für Ihre Schlösser bzw. Zugangstüren im Haus benötigen. Denken Sie an Kinder, Nachbarn, Eltern usw. Hier sind auch die Schlüssel für den Briefkasten, das Garagentor usw. einzubeziehen.

Wichtig:

Jeder weitere Schlüssel, den Sie nach der Fertigstellung und dem Einzug brauchen, kostet zusätzlich Geld, denn die Nachbestellung ist richtig teuer!

Bei einer Schließanlage gibt es für weitere zusätzliche Schlüssel zu den Schlössern einen Neuanlagenpreis, auch für Einzel- oder Mehrschlüssel.

Kaufen Sie die von Ihnen benötigte Schlüsselanzahl gleich mit in Ihrem Haus-Kaufvertrag. Bemessen Sie Ihren Bedarf ausreichend!

Also: Schlüsselanzahl mit Stückzahl und Bezeichnung im Vertrag aufführen.

Weitere Arbeiten des Schlossers / Metallbauers:

- Stahlbauteile Geländer
- Stege
- Tore / Garagentor
- Briefkasten / Klingel / Sprechanlage (evtl. integriert im Haus oder vor dem Haus als freistehendes Objekt)
- Außentreppen zum Garten, Keller, Einliegerwohnung
- Metalltüren / Sicherheitstüren, Heizraum / Kellerraum usw.

Estrich

Als Estrich bezeichnet man den Aufbau des Fußbodens als Untergrund für die Bodenbeläge. Estriche werden je nach entsprechender Art und Ausführung auch fertig nutzbarer Boden genannt. Dabei ist der Estrich gleichzeitig die „Nutzschicht" ohne Oberbodenbelag.

Berechnen Sie bei Ihren Anschaffungen, z.B. einem offenen Kamin, die Höhe des Fußbodenaufbaus. Das ist wichtig, da der Estrich oft erst nach dem Stellen des Kamins verlegt wird und die Rohfußbodenhöhe erst dann aktuell ist. Oft wird die Berechnung des Fußbodenaufbaus in der Einbauhöhe nicht berücksichtigt und der Kamin sitzt dann zu tief!

Rollladen und Fensterverkleidung

Überlegen Sie auch, an welchen Fenstern Rollläden sein sollen? An großen Fenstern sind elektrische Rollläden zu empfehlen.

❏ Innen-Rollladen mit Rollladenband

❏ Innen-Rollladen – elektrisch

❏ Außen-Rollladen

❏ Außen-Rollladen – elektrisch

❏ Jalousien – elektrisch

❏ Lamellen

❏ Andere Systeme

Außen-Rollladen

Jalousien

...gen Sie für Ihre Räume fest:

- ❏ Fliesen
- ❏ Teppich
- ❏ Laminat
- ❏ Parkett
- ❏ Andere Varianten

Tipp:

Fliesen möglichst nicht raumhoch verlegen lassen, sonst bekommt der Raum einen kalten Waschküchencharakter.

Sollte in Ihrer Baubeschreibung ein Raum mit raumhohen Fliesen angeboten werden, lassen Sie sich den Differenzbetrag zu nicht raumhohen Fliesen vergüten.

Wählen Sie für Ihre kleinen Räume lieber ein größeres Fliesenformat, das lässt die Räume größer wirken. Bei kleinen Räumen ist es zu empfehlen, längliche größere Fliesen zu wählen und diese quer zu verlegen.

Ein längliches Format quer verlegt, lässt den Raum weiter und größer erscheinen. Ein längliches Format nicht quer, sondern in der Höhe verlegt, lässt den Raum höher erscheinen. Im WC oder Bad sollte man nur im Spritzwasserbereich Fliesen anbringen.

Tipp:

Achten Sie darauf, dass exakt die von Ihnen gewünschten Fliesenformate (z.B. 30 x 60 cm) in der Baubeschreibung und im Kaufvertrag mit genauem Maß, Quadratmeterpreis, inkl. verlegen und verfugen, festgehalten werden. Sonst müssen Sie mit erheblichen Mehrkosten rechnen, wenn es eine Abweichung von den Standardfliesen, wie sie in der Baubeschreibung angeboten werden, gibt.

Das sollte in der Baubeschreibung / im Kaufvertrag festgehalten werden:

- Exakte Beschreibung der Fliesen mit Fabrikat/Farbe für jeden einzelnen Raum
- Maße der Fliesen – Länge x Breite
- Wandfliesen / für Wandverlegung
- Bodenfliesen / für Bodenverlegung
- Eine eventuelle Querverlegung
- Rasterverlegung
- Versetzte Fliesenverlegung
- Achtung: andere Sonderverlegung nennen
- Nanoverfugung – Fliesensilikon mit Nanotechnology ist flexibler und auf jeden Fall die bessere Lösung.

Tipp:

Sockelfliesen / Randfliesen

Die Zeiten der Rand- bzw. Sockelfliesen sind eigentlich vorbei. Es gibt im Handel sehr schöne Randabschlüsse als Meterware aus Kunststoff oder Holz, die attraktiver sind als Rand- bzw. Sockelfliesen. Diese sind weitaus preiswerter, lassen sich schnell verlegen und sind in der Pflege leichter zu säubern.

Achtung:

Fliesen in Eigenleistung

Sollten Sie die Fliesenlegearbeiten aus Ihrem Kaufvertrag herausnehmen und in Eigenleistung machen wollen, denken Sie bitte daran, dass hierzu auch die *Abmauerungen* bei den Bade- und Duschwannen, sowie *Verspachtellungen* und eventuell Anpassungsarbeiten bei *Vorwandinstallationswänden* zu Ihrem Aufgabenbereich gehören. Eventuell zählen hierzu dann auch noch die *Brüstungen und Innenfensterbänke*.

Der *Reinigungsschliff und das Spachteln* auf dem Estrich sowie die *Untergrundvorbehandlung* der Wände gehören ebenso zu diesen Aufgaben.

Wer haftet für die Abdichtung des Bades, Verlegung von Übergangsschienen, elastischen Fugen usw.?

Tipp:

Klären Sie diese Punkte unbedingt. Verhandeln Sie lieber in dem Sinne, dass Sie nur die Fliesen legen, alles weitere vom Fachmann gemacht wird und halten Sie dieses schriftlich fest.

So sind es eben nicht nur die Kosten für die Fliesen die Sie bei Eigenleistung einsparen können. Sie müssen hier alle dazugehörigen Arbeiten im Auge behalten, wenn Sie dieses Gewerk in Eigenregie machen wollen.

Natursteinarbeiten

Als Natursteine bezeichnet man ganz allgemein alle Gesteine, wie man sie in der Natur vorfindet. Im Hausbau findet man Natursteine als Treppensteine, Bodenbeläge, Fenstersimse, Sichtschutz Gabionen und vieles mehr.

In diesen Bereichen sollten Sie Natursteine einplanen:

• Außenbereich

• Eingangsbereich

• Innenbereich / Mauerverkleidung

• Terrassenbereich

• Balkonbereich

Malerarbeiten

- Innenanstriche
- Außenanstriche
- Putze (Innenputz, Außenputz)
- Lackierungen (beispielsweise Türen oder Fenster)
- Tapezierarbeiten
- Glasfaser- oder Raufasertapete
- Venezianische Spachteltechnik
- Glättetechniken
- Lasuren in verschiedenen Techniken
- Innenraumgestaltung
- Fassadengestaltung
- Andere Möglichkeiten

Die Grundierung und Gestaltung der Wände ist eine lohnende Arbeit als Eigenleistung.

Gesims

Für die Gesimse außen und innen sollten
Sie diese Möglichkeiten bedenken:

- Alu-Außensimse
- Kunststoff-Außensimse
- Granit oder ähnliches als Außensimse
- Innensimse in Granit oder anderem Stein
- Andere Gesimse

Naturstein-Innensimse

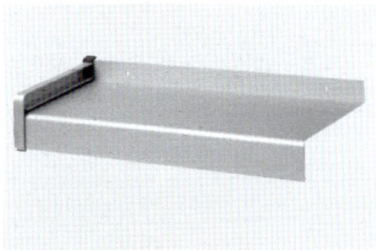

Alu-Außensimse

Naturstein-Außensimse

Kamin: ein offener Kamin gemauert oder ein Kaminofen, Mauerung, Nische für Holzlagerung. Überlegen Sie, wo das Holz bzw. Heizmaterial brandgeschützt gelagert werden soll.

Achtung:

Oben auf dem Dach sollte der Kamin eine Kaminabdeckung haben.

Als Regenabdeckung und als Funkenschutz für den Fall, dass Sie noch einen offenen Kamin betreiben.

Prüfen Sie die Baubeschreibung dahin gehend, ob dies hier aufgeführt ist. Wenn nicht, dann in der Ergänzung zur Baubeschreibung aufführen.

Was für eine Art von Kamin werden Sie einbauen? Was passt zu Ihnen?

❑ Kamin in die Wand eingebaut?

❑ Kachelofen?

❑ Standkamin? Hier müssen Sie eine feuerfeste Unterlage haben

❑ Soll ein Edelstahlrohr (als Kamin) am Haus außen sichtbar sein?

❑ Soll ein Außenkamin gemauert werden?

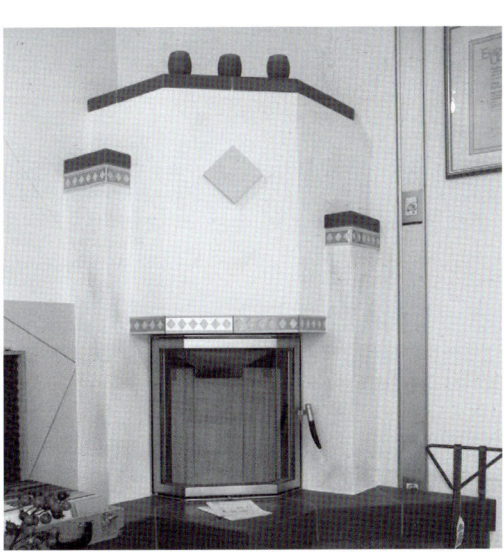

Keller

Ein Keller ist viel mehr als nur ein Lagerraum. Die Überlegung einer Unterkellerung oder nicht ist nicht nur eine Frage des Geldes.

Ob als Heizraum, Vorratsraum, Hobbyraum, Gästezimmer, Fitnessraum oder Spielraum für die Kinder, ein Keller bzw. die Unterkellerung, kann die Wohn- und Nutzfläche eines Hauses erheblich vergrößern. Sollten Sie einen Keller als Wohnraum nutzen, sind allerdings in der jeweiligen Landesbauordnung Vorschriften zu beachten. So z.B. die Mindesthöhe. Eine Höhe von 2,20 Meter in den Kellerräumen ist zu empfehlen. Eine entsprechende Bodendämmung und der Bodenaufbau sind einzuhalten.

Kellerfenster

Auch im Kellerbereich sind größere Fenster, evtl. auch Oberlichter, sinnvoll. Durch einen Lichtschacht kommt mehr Licht in das Kellergeschoss. Eine zum Haus hin abfallende, bepflanzte kleine Böschung erlaubt den Einbau von einem größeren Fenster, was mehr Wohnqualität bietet.

Haustechnik

Befindet sich die Haustechnik im Keller, ersparen Sie sich die benötigte Fläche im Wohnbereich. Wichtig ist hierbei, dass alle Durchführungen für Gas, Wasser usw. sehr sorgfältig verlegt werden, um das Eindringen von Grundwasser zu verhindern.

Hobbyraum

Für Staub- bzw. Dreck-/Schmutzarbeiten ist ein Hobby- oder Bastelraum im Keller ideal und erspart Ihnen den Schmutz im Haus. Ideal ist auch, wenn das Kellergeschoss einen Ausgang in den Außenbereich bzw. Garten hat. *Wichtig:* Achten Sie hier auf eine entsprechende Beleuchtung und zusätzlichen Stromanschluss. Auch ein kleines Waschbecken mit Wasseranschluss für z.B. schmutzige Gartenschuhe ist sinnvoll.

Fitness

Für diese Nutzung ist eine richtige Dämmung mit 50 bis 120 Millimeter dicken Dämmstoffplatten oder ähnlichem Material notwendig. Mit einer solchen Dämmung erhalten Sie ein angenehmes Raumklima. Soll hier eine Sauna eingebaut werden?

Gästebad / Wasch- und Trockenraum

Alle Wasser-Ablaufstellen im gesamten Kellerbereich, also auch in einem verfügbaren Wäscheraum, müssen mit selbständig arbeitenden Rückstauverschlüssen ausgestattet sein. Diese Rückstauverschlüsse verhindern das Eindringen von Wasser bei großen Regenmengen wenn die Kanalisation überlastet wird.

Arbeitsraum / Büro

Die Wahl eines Arbeitszimmers im Kellergeschoss ist auf der Südseite des Hauses mit einem größeren Fenster zu empfehlen.
Überlegen Sie sich rechtzeitig, ob hier eine Telefonanlage oder zumindest ein Anschluss dafür vorgesehen sein soll.

Kontrollschacht / Revisionsschacht
Wasser- / Abwasser-Leitungen

Mindestens zwei Schächte sollten vorhanden sein. Legen Sie die Lage der Schächte fest. Ein Revisionsschacht ist ein Schachtbauwerk, das zur Überprüfung, Unterhaltung und Reinigung von Rohrleitungen dient. Diese Schachtbauwerke unterbrechen Rohrleitungssysteme für Schmutz-, Misch- oder Regenwasser und sind Bestandteil der kommunalen Abwasserentsorgung.
Kontrollschächte bestehen in der Regel aus Betonfertigteilen, Mauerwerk, Faserzement, Polymerbeton oder Kunststoff.

Planen Sie mit dem Haus auch den kompletten Eingangsbereich.

Wichtig:

Nicht ohne Überdachung und evtl. mit einer Seitenwand als Wetterschutz.

Entscheiden Sie bei der Eingangsüberdachung zum Beispiel ob mit oder ohne Glasdach.

Die Größe bestimmen Sie!

Wenn die Decke über dem Eingangsbereich herausgezogen wird, entfällt für Sie ein teures Vordach über dem Eingang (siehe auch Beschreibung Rohbau, Seite 37).

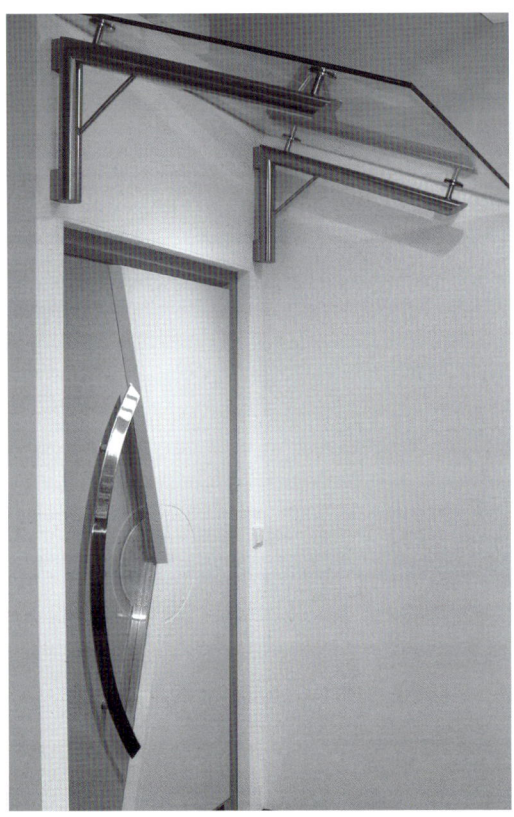

Lassen Sie auch gleich den Anschluss der Leitungen für eine Deckenbeleuchtung mit Bewegungsmelder in die Decke über den Eingang legen.

Achtung:

Diese zusätzlichen Anschlüsse müssen bei den Elektroarbeiten in Ihrem Vertrag separat aufgeführt werden.

Eine seitliche Sicht- und Schutzmauer sollte auch schon auf Ihrem Plan der Kaufunterlagen eingezeichnet sein.

Hier können Sie auch überlegen, ob Sie die Anlage für den Restmüll, Biomüll und Papiermüll am Eingang in eine Box einbauen möchten (siehe Seite 72 „Außenanlage" und Seite 73 „Müll-Stellplatz").

Diese kann gleich mit dem Rohbau gemauert oder einbetoniert werden.

Eine spätere Entscheidung würde Sie viel Geld kosten!

In Ihrer Baubeschreibung könnte auch etwas von „Feinplanie mit Raseneinsaat und einzelner Strauchbepflanzung nach Angaben des Bauherren" oder ähnliches stehen.

Machen Sie diese Angaben ganz präzise:

- Wo soll Raseneinsaat sein?
  (Fläche und Größe angeben)
- Wo sollen Sträucher stehen?
  (Fläche und Größe angeben)
- Welche Sträucher und Bäume?
  (Genau beschreiben)
- Anzahl der Pflanzen?
  (Platzbedarf?)
- Ist eine Hecke als (Sicht-)Begrenzung gewünscht und wo?

Beleuchtung (evtl. mit Bewegungsmelder) / Stromanschluss:

- ❑ am Haus
- ❑ im Garten
- ❑ Terrasse
- ❑ Balkon
- ❑ an / in der Garage

Legen Sie fest: Stromanschluss oben in der Decke oder aus der Wand seitlich.

Achtung Regenwasser:

Liegt ihr Grundstück am Hang, oder besteht die Gefahr von Regenwasserstau? Überprüfen Sie, inwieweit die Kellerschächte, die Begrenzung bzw. Höhe, gegen eindringendes Wasser geschützt sind, oder ob die Garageneinfahrt im Haus mit einem entsprechenden Abflussgitter versehen ist. Mir ist ein Fall bekannt, in dem das Regenwasser durch den Kellerschacht gedrungen ist und den Keller gefüllt hat.

Zeigen Sie auch an, wo Sie gerne einen Wasseranschluss, z.B. für die Bewässerung der Außenanlagen, haben möchten.

Halten Sie in Ihrem Kaufvertrag genau fest wie die Außenanlage angelegt sein soll. Gehwegplatten, Betonmauern, Stufen, Treppen, Eingangsbereich usw. Benennen Sie alle Pflanzen mit Stückzahl, Namen, Größe usw. Auch hier gilt: nur was in Ihrem Vertrag steht muss vom Verkäufer auch gepflanzt und bezahlt werden.

Treffen Sie eine Entscheidung: Wo sollen die
Müllbehälter stehen?

Vielleicht am Haus in einer Box mit Sichtschutz? Oder an einer anderen Stelle?

Bedenken Sie hier bitte auch die Mülltren-
nung und die Mülltonnen-Größe Ihrer Ent-
sorgungsbetriebe.

Beispiel: Platz für Mülleimer

Küchenplanung

Die Küchenplanung und Einrichtung ist ein wichtiger Bestandteil bei einem Gesamtangebot „Haus mit Küche". Bietet Ihr Verkäufer das Bauobjekt inkl. Küche an, so sollten Sie darauf achten, dass die Küche separat im Kaufvertrag oder Bauvertrag mit Kaufsumme ausgewiesen wird, also die Summe der Küche separat aufgeführt wird, unabhängig von der Bausumme des Kaufangebots.

> Nur so wird der Kaufpreis der Küche von allen steuerlich wirksam werdenden Summen ausgeschlossen.

Entscheiden Sie:

- ❏ Einbauküche über Eck
- ❏ Kochinsel
  (wichtig Elektro- und Wasseranschlüsse)
- ❏ Eine Wand komplett Einbaumöbel,
  andere Wände nur Unterbaumöbel
- ❏ Wo kommt der Dunstabzug hin?

Wenn Sie keinen Umluft-Dunstabzug wünschen, dann benötigen Sie einen kleinen Wanddurchbruch ins Freie. Dies sollte bereits im Kaufvertrag vermerkt werden. Ist dies nicht der Fall, kann Ihnen diese Arbeit in Rechnung gestellt werden!

Tipp:

Zu empfehlen sind eine tiefere Arbeitsplatte und normale Unterbauschränke. Das bringt kaum Mehrkosten aber einen enormen Vorteil von Abstell- oder Arbeitsfläche.

Es ist bequemer und handlicher, wenn die Elektrogeräte, wie Backofen, Grill, Kühlschrank, Geschirrspüler, in Armhöhe eingebaut werden. Lästiges bücken entfällt.

Hinter dem Herd ist unbedingt ein Spritzschutz zu empfehlen. Der kann aus einem Teil der Arbeitsplatte oder einem anderen Material (Fliesen, Metall) gefertigt werden.

Hier wurde die Arbeitsplatte auch als Spritzschutz eingebaut.

Hier wurde der Geschirrspüler auf Armhöhe eingebaut, bücken entfällt.

Wasch- und Trockenraum

Wenn Sie Ihre Wäsche meistens im Badezimmer an- und ausziehen, ist zu überlegen, ob Sie nicht gleich auch Waschmaschine und evtl. Trockner dort platzieren möchten. Dafür eignet sich der Bau einer Nische nur für diese beiden Geräte und diese mit einer Wohnungstür zu schließen (siehe auch Seite 38). Das sieht ordentlich aus und die Geräte sind von der Optik des Bades unberührt.

Möchten Sie die Waschmaschine lieber in den Keller stellen, dann gibt es auch die Möglichkeit einen Wäscheschacht zu bauen (siehe auch Seite 39). Dieser muss jedoch schon im Rohbau berücksichtigt werden. Hier werfen Sie die Wäsche, z.B. im Badezimmer, in einen Schacht und diese landet dann im Kellergeschoss und das Schleppen der Schmutzwäsche durchs Haus entfällt.

Sie können aber auch überlegen, ob Sie im Bad vielleicht eine kleine Garderobe einrichten möchten. Dort können Sie zum Beispiel Bademäntel, Haus- und Schlafanzüge aufhängen. Auch dafür eignet sich eine gemauerte Nische oder Wand sehr gut.

Sie wollen in der zweiten Lebenshälfte den Traum vom Eigenheim verwirklichen? Oder Sie planen, dass das neue Haus bis zu Ihrem Lebensende von Ihnen bewohnt werden soll? Dann gelten zusätzliche wichtige Faktoren für die Planung, da hier unbedingt das „Alter" berücksichtigt werden sollte.

Schon bei der Bauplatzsuche, dem Standort, sollten Sie darauf achten, dass die soziale Einbindung gewährleistet ist. Wichtig ist die Anbindung an das öffentliche Verkehrsnetz. Denken Sie daran, dass Sie vielleicht irgendwann kein Auto mehr fahren können. Eine gute Erreichbarkeit von Geschäften, Ärzten, Apotheken usw. ist dann für ein (schönes) unbeschwertes Leben wichtig.

Grundsätzlich ist hier ein *barrierefreies Bauen zu empfehlen*, um eine lange Nutzung der Wohnräume oder des Hauses ohne fremde Hilfe zu ermöglichen. Leben auf einer Ebene ohne Treppen oder schwellenlose Verbindungen der Außen- und Innenräume erleichtern im Alter das Wohnen. Auch der Eingangsbereich sollte *schwellenlos* gestaltet werden. Denken Sie hier an einen Rollstuhl und ebenso an den Kinderwagen der Enkelkinder. Vielleicht wäre eine betonierte Rampe sinnvoll?

Breitere Türöffnungen: Helle, größere Wohnräume mit viel sonniger Fensterfläche sind bei schlechter sehenden Menschen von Vorteil. Denken Sie bei der Raumaufteilung auch hier an Rückzugsmöglichkeiten, da vielleicht ein Partner krank wird oder gepflegt werden muss. Vielleicht stellt sich eines Tages die Notwendigkeit eines Zimmers für eine Pflegeperson. Teilen Sie unter dieser Überlegung manche Zimmer lieber in *Ständer-Leichtbauweise*, diese können Sie später auch wieder entfernen. Dies ist auch für einen möglichen Wiederverkauf des Hauses eine gute Sache. Auch ein dem Alter entsprechend angelegter Garten kann ein schöner Ausgleich an Bewegung, Freude und eine wertvolle Bereicherung sein.

Prüfen Sie unbedingt Ihre Finanzen, damit Sie beim Bau Ihres Alterssitzes nicht zu hohe Belastungen haben und Ihnen noch genügend Kapital (z.B. Rente) zum Leben bleibt.

Unter der Berücksichtigung des Älterwerdens kann es sehr reizvoll sein, neu und altersgerecht zu bauen. Denken Sie auch über die Option eines Aufzugs nach:
• am Haus an einer Außenwand;
• durch einen Schacht im Haus;
• nur die Option für einen Schacht, evtl. für einen späteren Ausbau.

Noch ein guter Rat

Machen Sie vom Kelleraushub bis zum Einzug Fotos und fertigen Sie Zeichnungen an.

Machen Sie Fotos und Zeichnungen (Lagepläne) von Rohren, Leitungen, Anschlüssen, Elektro- und Sanitärtechnik.

Aus meiner Erfahrung können diese Fotos und Unterlagen auch noch nach Jahren sehr sinnvoll sein und über nicht mehr sichtbare Dinge Aufschluss geben.

Ein Album oder das ebenfalls im Blottner Verlag erschienene „Bautagebuch" (siehe Seite 95) mit Fotos und Zeichnungen die beschriftet sind, mit Räumen, Nummern, Datum usw. könnte später sehr nützlich sein.

Symbole

Auf den folgenden Seiten finden Sie Einrichtungsgegenstände im Maßstab 1:100 zu folgenden Symbolen:

• Sanitäreinrichtung

• Tische und Essplätze

• Sitzgruppen und Sitzmöbel

• Betten

• Schränke

Kopieren Sie sich die Vorlagen und verwenden Sie diese für die Planungen Ihrer Raumgröße und Einrichtungsvorstellungen.

Sanitär

Waschbecken 50 x 40	☐
Doppelwaschtisch 100 x 50	
Badewanne 180 x 80	
Badewanne 180 x 80	
Badewanne 210 x 160	
Eckbadewanne 150 x 150	
Duschwanne 80 x 80	
WC 40 x 70	
Bidet 35 x 57	

Tisch 80 x 80

Tisch 80 x 80

Tisch 120 x 80

Tisch 120 x 80

Tisch 180 x 80

Tisch 180 x 80

Tisch 230 x 80

Tische und Essplätze

Tisch 100

Tisch 100

Tisch 120

Tisch 140

Tisch 140 x 100

Tisch 180 x 120

Sitzgruppe
Platzbedarf
500 x 320

Sitzgruppe
Platzbedarf
480 x 220

Sitzgruppe
Platzbedarf
550 x 550

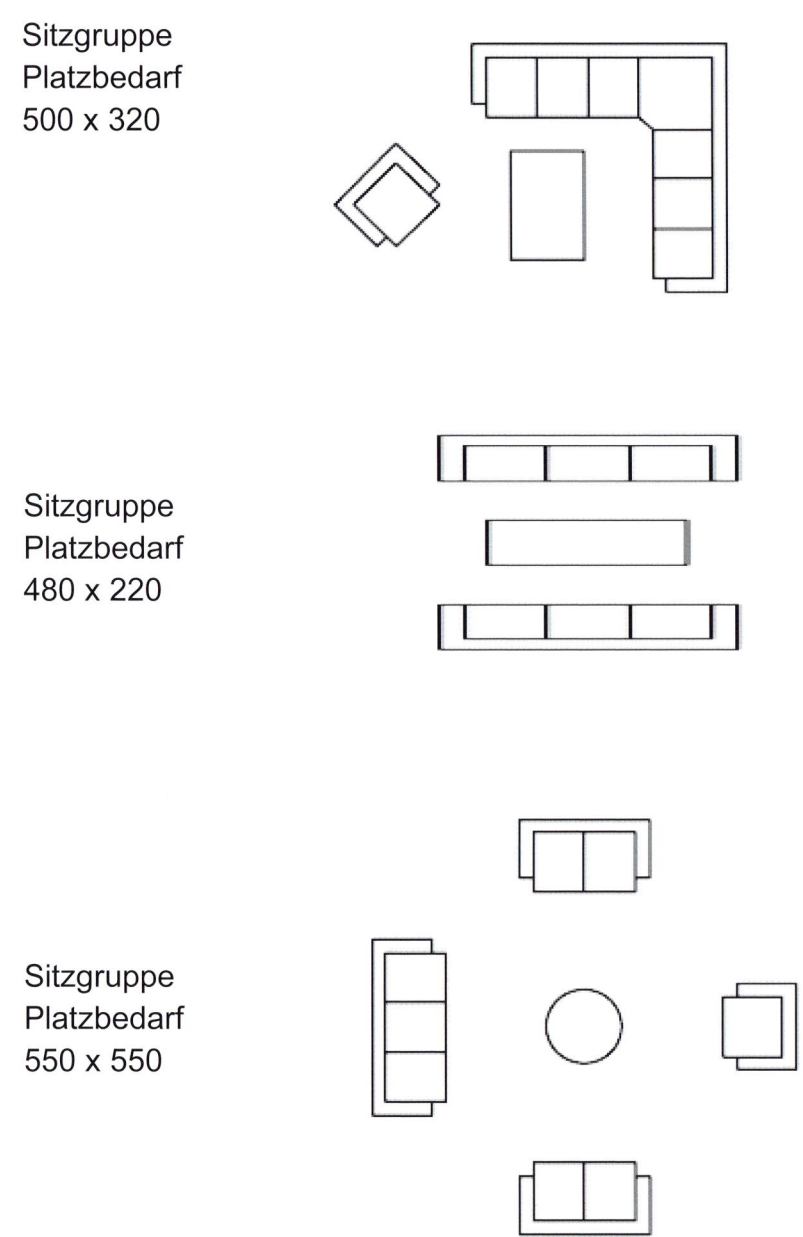

Sessel 90 x 80

Sitzmöbel 130 x 80

Sitzmöbel 180 x 80

Sitzmöbel 195 x 80

Sitzmöbel-Eck 240 x 240

Kinderbett
140 x 70

Einzelbett
mit Nachttisch
100 x 200

Einzelbett
mit Nachttisch
145 x 195

Doppelbett
180 x 200

Doppelbett
mit Nachttischen
200 x 200

Schränke

Schrank 120 x 60

Schrank 120 x 50

Schrank 120 x 40

Schrank 120 x 30

Schrank-Elemente
275 x 40

Schrank-Elemente
300 x 35
mit Bett

Schrank
470 x 40

Schrank-Elemente
200 x 400 x 50

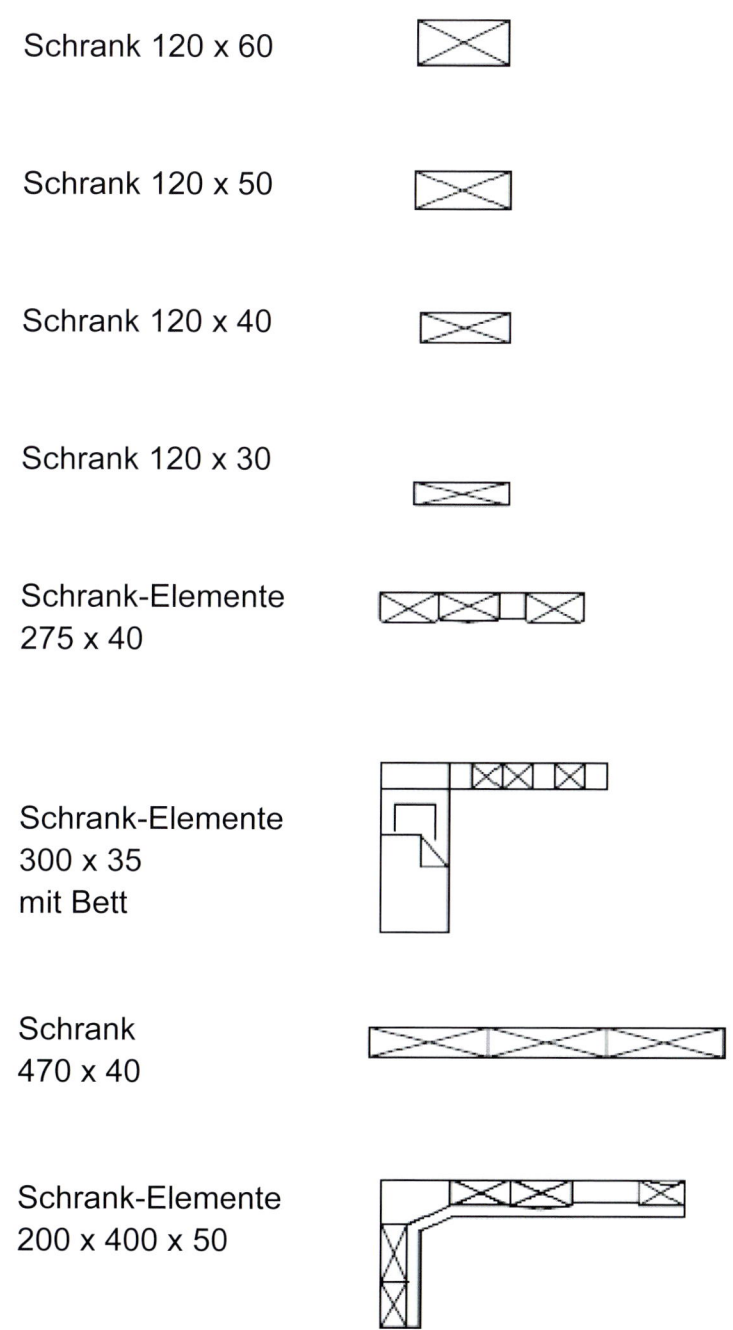

Einige Worte zum Schluss

Sie haben alles sorgfältig durchgelesen und sich entsprechende Notizen gemacht?

Dann kann nun eigentlich kaum noch etwas schiefgehen.

- Sprechen Sie Ihre Wünsche mit Ihrem Fachplaner sorgfältig durch.

- Achten Sie darauf, dass alles mit genauer Beschreibung in Ihrem Bauvertrag oder dem Zusatz zum Bauvertrag festgehalten wird.

- Erst wenn für Sie alles klar erkennbar und verständlich ist mit Preis, Bezeichnung und Maßen, unterschreiben Sie den Kauf-, Herstellungs- bzw. Bauvertrag.

Ich wünsche Ihnen ein stressfreies Bauen und hoffe, dass Sie nach dem Einzug in Ihr Eigenheim sagen werden:

Ich habe an alles Machbare gedacht!

Viel Glück und alles Gute für Ihr Vorhaben wünscht Ihnen

Margot Weller

Danke

Ich bedanke mich für die freundliche
Zusammenarbeit bei den Firmen:

Sanitär:

Sanitär Wahl

Unter dem Birkenkopf 16

70197 Stuttgart-West

Niederlassung: Böblingen

Fliesen:

Jach Fliesen

Fliesenausstellung

Wolf-Hirth-Str. 3

71034 Böblingen (Hulb)

Kamine, Kaminöfen, Einbaukamine:

Meistermax GmbH & Co. KG

Metzinger Straße 47

72622 Nürtingen

Sachwortregister

Abdichtung, 40, 63

Abflüsse, 47, 49

Abnahme, 13, 19

Abschlagsrechnung, -zahlung, 13, 14, 17

Abwasser 20, 69

Anschlüsse, 10, 20, 31, 71, 77

Arbeitgeberdarlehen, 15

Architekt, -Honorar, 8, 11, 12, 23, 32

Armaturen, 47, 49

Auflassung, 11, 15

Auftragnehmer, Auftragserteilung, 12

Ausbaustufen, 14

Aushub, 10

Außenanlage, 13ff, 17, 29, 31, 46, 52, 68, 71ff

Außenputz, 44, 58, 65

Bad, 22, 27, 28, 33, 35ff, 46ff, 50, 62, 75, 79

Balkon, 29, 34ff, 40, 45, 46, 52, 57, 64, 72

Barrierefrei, 40, 45, 56, 76

Bauabschnitt, 17

Bauantrag, 15

Bauamt, Behörde, 10, 15, 20ff

Baubeginn, 10, 15

Baubeschreibung, 18, 36, 37, 47, 52, 67

Baudarlehen, 15

Baufortschritt, 9, 17, 24

Baugenehmigung, 13, 20

Bauherrenhaftpflicht, 21ff

Bauleistungsversicherung, 21

Baunebenkosten, 20, 21, 22

Baurecht, 12

Baustelleneinrichtung, 20

Baustraße, 21

Baustrom, 20, 21, 22

Bauträger, 8, 11, 13, 17, 32

Bauträgerverordnung, 17

Bauüberwachung, 22

Bauunternehmer, 13, 14, 21

Bauverordnung, 43

Bauvertrag, 6, 9, 12,17, 74, 86

Bauvorschriften, 10, 25

Bauwesenversicherung, 22, 31

Bauzeit, 8, 21

Bebauungsplan, 10

Bemessungsgrundlage, 20

Besteuerung, 25

Beweispflicht, 19

Blitzableiter, 52

Blockheizkraftwerk, 51

Bodenanalyse, 10

Bodenbeläge, 10, 31, 62, 64

Carport, 22, 29, 31, 41

Dach, 10, 17, 26, 31, 34ff, 52, 42ff, 67

Dämmung, 34, 38, 58, 68

Darlehen, 15, 16

Decke, 26, 34, 51, 70, 72

Dreifachverglasung, 45

Eigenleistung, 12, 14, 25, 63, 65

Eigentumseintragung, -übertrag, 11, 15

Einfriedung, 22

Eingang, 29, 32, 34ff, 46, 52, 57, 70, 72, 76

Einliegerwohnung, 27, 53

Elektro, 17, 53, 71, 76

Endabnahme, 12

Erdarbeiten, 17, 20, 31

Erd-Wärme-Pumpe, 51

Erschließung, 10, 21ff

Estrich, 17, 31, 60, 62ff

Fälligkeiten, 12

Feinplanie, 72

Fenster, 17, 18, 31, 33, 37, 41, 44ff, 61, 69

Fertigstellung, 11, 13ff, 17, 25

Feuchtigkeit, 42

Finanzierung, 11, 15, 20, 46

Fliesen, 17ff, 40, 62ff

Fördermittel, 15

Fundament, 10

Fußboden, 51, 60

Garage, 22, 29, 31, 41, 46

Garantie, 13, 40

Garten, 22, 26, 29, 43, 46, 52

Gas, 21, 31, 51

Gebälk, 42, 55

Gewährleistung, 13, 19, 25

Gewerke, 13, 14, 19, 31, 32, 63

Glas, 31, 40, 44, 56, 65, 70

Granit, 40, 66

Gründung, 10

Grundbuch, 11

Grunderwerbsteuer, 20, 22

Grundpfandrecht, 16

Grundsteuer, 12, 25

Grundwasser, 68

Gutachten, geologisch, 10

Haustechnik, 68

Heizung, 17, 49, 51, 67ff

Holz, 40, 45, 54

Hypothek, 25

Insolvenz, 12, 14

Kachelofen, 67

Kamin, 22, 29, 31, 51, 60, 67

Kaminabdeckung, 67

Kanalisation, 21, 69

Kauf, 8ff, 11ff, 17ff, 18, 30, 32, 35, 54, 86

Keller, 28, 37, 39, 68, 72

KfW-Programme, 15

Klempner, 31

Kniestock, 35

Konstruktionsfehler, 21

Kontrollschacht, 69

Kosten, 8, 15, 20, 23, 25

Kredit, 16

Küche, 12, 28, 35, 36, 52, 74

Kunststoff, 43, 45, 56

Lackierer, 59

Laufzeit, 15, 16

Leistung, 13ff, 17ff

Licht, 44, 52, 68

MaBV, 17

Mängel, 12ff, 19

Maklerverordnung, 17

Malerarbeiten, 26, 31, 58, 65

Maßstab, 33

Mehrkosten, 14, 24, 36ff

Metall, 40, 54, 59

Minderungsrecht, 13

Mülltonnen, 29, 32, 73

Nachbesserung, 13, 15, 19

Nebenkosten, 27

Nichteinhaltung, 13ff

Notar, 11ff, 22, 25

Planer, 8, 20, 30, 32

Planung, 8, 23, 28, 30, 32, 46, 78

Projekthonorar, 23

Protokoll, 19

Raumaufteilung, 76

Qualitätskontrolle, 13

Raumhöhe, 35, 37

Recht, 13ff, 19

Rohbau, 17, 31, 37, 39, 49, 60, 70, 71, 75

Rohre, 20, 39, 69, 77

Rückstauverschlüsse, 68, 69

Sanitär, 17ff, 26, 33, 46, 77ff

Schadensersatz, 13, 16

Schließsysteme, 44, 59

Schlosser, 31, 59

Schlussrate, 13

Schlussrechnung, 19

Sicherheit, 13, 45, 59

Sichtschutz, 35ff, 40, 64, 71

Solar, 22, 31, 43, 51

Sondertilgung, 15ff

Sonderwünsche, 9, 24, 36

Sprechanlage, 32, 53, 59

Stahl, 46, 54

Ständerleichtbauweise, 34, 76

Steckdosen, 18, 40, 52

Stellplatz, 31, 41

Steuer, 20, 27

Stockwerke, 10, 39

Strom, 20ff, 31, 40ff, 51

Tapezierarbeiten, 44, 65

Teilbeträge, 20

Teilungserklärung, 27

Telefonanschluss, 21, 31, 69

Terrasse, 31, 34ff, 40, 45ff, 52, 57, 64, 72

Tragwerksplanung, 23

Trennmauern, 35, 36

Treppen, 38, 54, 72, 76

Treuhandkonto, 14

Trockenbauarbeiten, 26

Trockner, 50, 52, 75

Türen, 31, 33, 37, 41, 44ff, 55ff, 59

Übergabe, 12ff, 59

Untergeschoss, 46, 50

Vereinbarung, 13, 18

Verkauf, 8, 11ff, 16

Vermessung, 21, 23

Versicherungen, 19ff, 31

Vertrag, 9, 11ff, 17ff, 20, 24, 26, 32, 36ff, 71

Verzögerung, 13

Vorauszahlung, 13

Vorfälligkeit, 16

Wände, 33, 34, 58, 63

Waschmaschine, 28, 39, 50, 52, 75

Wasser, 21, 34, 40, 46

WC, 35, 46, 49, 62, 79

Wohnraum, 28, 35, 37, 40, 42, 44, 57, 68, 76

Zahlung, 12ff, 17

Zeitverzögerung, 13

Zimmerarbeiten, 17, 31, 42

Zinsen, 15, 16

Zisterne, 20, 22, 31, 43

Impressum

FOTOS, ZEICHNUNGEN, GRUNDRISSE:

Margot Weller

Seite 42 unten: Britta Blottner

Seite 46 oben: Produktlinie Asymmetric Duo, Kaldewei, www.kaldewei.de

Seite 46 unten: Prime-line, Duscholux, www.duscholux.com

Seite 60: Parkett 250 Aktiv, Schulte Räume, www.schulte-raeume.de

Seite 65: Beide Bilder von Henkel, Produktlinie Metylan Kleister, www.henkel.de

DIESES BUCH ERSCHEINT IN DER REIHE „BAU-RAT"

Der Inhalt des Buches wurde von der Autorin sorgfältig erwogen und geprüft; dennoch kann eine Garantie dafür nicht übernommen werden. Jegliche Haftung der Autorin bzw. des Verlages und/oder seiner Beauftragten für Personen-, Sach- und Vermögensschäden ist ausgeschlossen.

Bibliographische Informationen der Deutschen Bibliothek:

Die Deutsche Bibliothek verzeichnet diese Publikation in der Deutschen Nationalbibliographie; detaillierte bibliographische Daten zu diesem Werk sind im Internet abrufbar unter http://dnb.ddb.de. Das Werk, einschließlich aller seiner Teile, ist urheberrechtlich geschützt. Die Verwertung der Texte und Bilder ist – auch auszugsweise – ohne Zustimmung des Verlages unzulässig und strafbar. Das gilt auch für Vervielfältigungen, Übersetzungen, Mikroverfilmung sowie für die Einspeicherung und Verarbeitung in elektronischen Systemen, einschließlich Internet.

Titelbild: Britta Blottner, Blottner Verlag GmbH, Taunusstein

Satz, Layout: Britta Blottner, Blottner Verlag GmbH, Taunusstein

Umschlaggestaltung: Britta Blottner, Blottner Verlag GmbH, Taunusstein

Druck: cpi – buchbücher.de GmbH, Birkach

© 2014, Blottner Verlag GmbH, D-65232 Taunusstein

3. Auflage

blottner@blottner.de / URL: www.blottner.de

ISBN 978-3-89367-140-3 / Printed in Germany

Für Ihre Notizen:

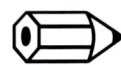

Für Ihre Notizen:

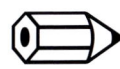

Rat, auf den Sie bauen können!

Kostenfalle Hausbau
*Pfusch vermeiden –
Baukosten sparen*
ISBN 978-3-89367-107-6
72 typische Kostenfallen
und ihre Ursachen sind
hier beschrieben. Fehler-
quellen werden gezeigt.

**Fehlerfrei zum
eigenen Haus**
*Von der Planung bis zur
Mängelerfassung*
ISBN 978-3-89367-115-1
Nach Baugewerken ge-
ordnet. Verständlich, mit
vielen Checklisten.

**Anleitung für die
eigene Baustelle**
*Leitfaden für den ge-
ordneten Bauablauf*
ISBN 978-3-89367-118-2
Nützliche Hinweise und
Anleitungen für die eige-
ne Baustellenpraxis.

**Ratgeber energie-
sparendes Bauen**
*Neutrale Informationen für
mehr Energieeffizienz*
ISBN 978-3-89367-127-4
Ein kompetenter Ratge-
ber, verständlich und
anwendungsgerecht.

**Planen und Bauen für
das Wohnen im Alter**
*Ratgeber für Neubau,
Ausbau und Renovierung*
ISBN 978-3-89367-099-4
Schon heute an morgen
denken: hier die Infos,
die Sie kennen sollten.

**Sicherheit
rund ums Haus**
*Vom optimalen Einbruch-
schutz bis zur richtigen
Versicherung für Ihr Haus*
ISBN 978-3-89367-106-9
Für mehr Sicherheit im
Neu- und Altbau.

Blottner Verlag • 65232 Taunusstein • www.blottner.de

Rat, auf den Sie bauen können!

Boden, Wand, Decke – Raumgestaltung leicht gemacht
Materialien, Tipps und Beispiele
ISBN 978-3-89367-643-9
Schritt-für-Schritt zur neuen Raumgestaltung.

Garten, Terrasse, Carport – Gestaltung der Außenanlagen leicht gemacht
Materialien, Tipps und Beispiele
ISBN 978-3-89367-651-4
Schritt-für-Schritt erklärt.

Ökohäuser für Energiesparer
Innovativ geplant und mit Holz gebaut. Schöne Ideen und Beispiele
ISBN 978-3-89367-649-1
Umweltfreundliche Ökohaus-Entwürfe.

Bauen und Renovieren mit Feng Shui
Räume verändern das Leben
ISBN 978-3-89367-128-1
Grundlagen und Zusammenhänge des Feng Shui für das richtige Bauen.

Gesund und ökologisch Bauen
Baubiologische Aspekte bei Neubau u. Sanierung
ISBN 978-3-89367-120-5
Der Verbindung von Baubiologie und Ökologie gehört die Zukunft!

Bautagebuch
Auf den Bauplatz, fertig los! Das Tagebuch für Ihren Hausbau
ISBN 978-3-89367-116-8
Hier kann im Laufe der Bauzeit alles Wissenswerte eingetragen werden.

Blottner Verlag • 65232 Taunusstein • www.blottner.de